I0425228

TOMO 1

LA REVOLUCIÓN DEL COMPORTAMIENTO

Jaime Mendoza Buitrago

"*¿Libertad, qué estás haciendo?*
_ **Juego a las escondidas con la democracia.**
_ **¡Ah! ¿Y por qué tienes cadenas en tus alas?**
_ **¿Tengo alas?**"
Del poema: "*Calidoscopio político*" de Jaime Mendoza

RUMBO A LA BOLIVIA DEMOCRÁTICA, AMABLE Y MODERNA

ÍNDICE

Prólogo

1. ANÁLISIS DE LA ACTUAL SITUACIÓN DE BOLIVIA

1.1. Comportamiento de la oposición

1.2. Probables escenarios Políticos antes, durante y después de las elecciones

1.3. ¿Por qué la mayoría de los gobiernos insiste en quedarse en el poder?

1.4. Comportamiento del oficialismo

1.5. *Febrero* y *Octubre*, los meses fatales para Evo Morales

2. INTRODUCCIÓN A LOS SEIS PILARES DE LA "BOLIVIA AMABLE Y MODERNA"

Visión

Misión

Acciones constitucionales

Acciones en lo político, electoral y gubernamental

3. SALUD: realidad, problemas y soluciones

Realidad y Problemas actuales en la Salud Pública

3.1. En lugar de salud, falsos discursos

3.2. La salud estatal no es gratuita

3.3. Pésima atención del personal estatal de salud

3.4. ¿Falla el personal del centro de salud estatal, o falla el Gobierno?

3.5. Grado de responsabilidad de los pacientes.

3.6. Ausencia del Estado en las unidades, centros y hospitales públicos

3.7. Sistema administrativo de salud del medioevo

3.8. La docencia (internos y residentes en los centros de salud públicos)

4. SOLUCIONES PARA LOS PROBLEMAS EN SALUD

4.1. Nuevos privilegios en salud para todos los bolivianos

4.2. Centro Computarizado de Salud

4.3. Unidad de Defensa, Ayuda y Orientación al Paciente (UDEAP)

4.4. Atención médica inmediata en casos de emergencia

4.5. Atención médica global y gratuita a favor de los grupos vulnerables

4.6. Controles en los centros de salud (*Fedatarios de la Salud*)

4.7. Control de calidad y venta de medicamentos e insumos de salud

4.8. Creación de las Colectividades de Voluntarios de la Salud Estatal (CoVoSE)

4.9. Creación de la Sociedad Tripartita de Salud Estatal y Privada

4.10. Becas de especialización para los profesionales de Salud

4.11. Salarios privilegiados para los médicos y técnicos especialistas

5. EDUCACIÓN: realidad, problemas y soluciones

Realidad y problemas actuales en Educación

5.1. La educación y nuestra Constitución

5.2. ¿Por qué la educación pública en la práctica no es gratuita?

5.3. Sistema educativo estatal de bajo nivel

5.4. Mala formación estatal de los profesores

5.5. Acceso a la educación con enormes costos para los padres de familia

5.6. Salarios bajos de los profesores

5.7. Desprestigio gubernamental de la educación

5.8. Universidades estatales

6. SOLUCIONES PARA LOS PROBLEMAS EN EDUCACIÓN

6.1. Nueva formación y mentalidad = profesionales de alto nivel

6.2. Implementación de materias transversales para mejorar la calidad intelectual y personal de nuestros alumnos

6.3. Creación de la *Sociedad Tripartita de Educación Estatal y Privada*

6.4. Creación del Viceministerio de Ciencia y Tecnología

6.5. Modernos insumos electrónicos en la educación estatal

6.6. Unidades educativas estatales iguales

6.7. Redistribución máxima/mínima de alumnos por aula, establecimiento y área geográfica (los tres niveles).

6.8. Creación de Imprentas Estatales para entrega gratuita de material educativo (primaria y secundaria)

6.9. Uniformes gratuitos para todos los alumnos estatales de primaria

6.10. Salario digno e igual al de los profesionales del sector estatal más sus bonos mensuales

6.11. Bono anual de 15.000, 20.000 y 25.000 bolivianos respectivamente para los profesores del sistema educativo estatal.

6.12. Incremento global y permanente del presupuesto para Educación

6.13. Premios e incentivos a la creación de textos pedagógicos

6.14. Estímulos y premios a las iniciativas científicas y tecnológicas de profesores (y estudiantes).

6.15. Seguridad física y cuidado de la salud e higiene en las unidades educativas estatales

6.16. Trabajo directo a los profesionales titulados en las universidades estatales con mención de honor y con altas calificaciones

6.17. Premios a las iniciativas estatales, científicas y/o tecnológicas de docentes y/o universitarios

6.18. Préstamos para estudios universitarios

6.19. Control estricto en los exámenes de ingreso a la universidad

6.20. Apoyo universal a los mejores deportistas bolivianos

6.21. Estructuras del tercer milenio para el deporte

6.22. Fútbol pasión de los bolivianos

6.23. Ajedrez, el deporte ciencia y el poder de la mente

7. SOCIAL: realidad, problemas y soluciones

Realidad y Problemas en lo SOCIAL

7.1. ¿Por qué se ha incrementado la tasa de criminalidad en Bolivia durante el periodo 2006-2019?

7.2. Factores del aumento de la criminalidad

7.3. Producción y consumo de coca

7.4. Producción y consumo de cocaína

7.5. ¿La estrategia del gobierno del MAS para combatir al narcotráfico es exitosa?

7.6. Penetración del narcotráfico al Estado y a las instituciones bolivianas

7.7. Inseguridad que viene del exterior (el papel de Cuba y Venezuela en Bolivia)

7.8. La ecuación Maduro, asesores cubanos y gobierno del MAS = muertos

7.9. Los gobernados y su seguridad

8. SOLUCIONES PARA LOS PROBLEMAS EN LO SOCIAL

8.1. Capitales de ocho mil dólares para los más pobres para crear fuentes de trabajo grupales

8.2. Movilidad propia para trabajar que se paga con el dinero de la renta diaria

8.3. Agua y luz gratis

8.4. Nuevo sistema de distribución de gas en garrafas.

8.5. Moderno sistema para reducir los Feminicidios, infanticidios y otros homicidios y/o asesinatos

8.6. Aplicaciones electrónicas e inteligentes para cuidar a nuestros hijos

8.7. Seguridad en los barrios con los ojos electrónicos en constante actividad de vigilancia

8.8. Brindando formación en seguridad a los ciudadanos

8.9. Prevención en carreteras y puentes

8.10. Estafas, fraudes y otros en inmuebles

8.11. Extranjeros indeseables

8.12. Cárceles y Centros de detención y rehabilitación para menores de edad

8.13. Tratamiento a los menores sentenciados

8.14. Control de productos alimenticios y otros

8.15. Control de publicidad y de propaganda

8.16. Ley Dura contra la corrupción

8.17. *"Fedatarios Estatales Incognitos"*

8.18. Inédito sistema de control del circuito Coca-Cocaína

9. ECONOMÍA: realidad, problemas y soluciones

Realidad y Problemas Sociales

9.1. El falso socialismo económico del MAS

9.2. Despilfarro del dinero del Estado

9.3. Daño económico al Estado (uso político-sindical de recursos del Estado)

9.4. Falsa distribución de la riqueza de Bolivia

9.5. Presupuesto General de la Nación sinónimo de millonaria corrupción

9.6. Incrementos de los famosos "DIEZMOS"

9.7. Falsa Nacionalización del gas

9.8. Falsa austeridad del presidente Evo Morales

9.9. Política económica aplicada por el gobierno (Política Fiscal)

9.10. Política monetaria

9.11. Economía constante y economía improvisada

9.12. Política de Reciprocidad

9.13. Política de Puertas Abiertas

9.14. Política de Rentas

9.15. Política de Subvención

9.16. Empleos versus desempleos

9.17. La incompetencia gubernamental

9.18. Conceptos de desarrollo estatal que el gobierno nunca los aplica

10 SOLUCIONES PARA LA REALIDAD Y PROBLEMAS EN ECONOMÍA

10.1. Estabilidad Económica

10.2. Generación de empleo. Asegurando 330.000 empleos para todos los bolivianos

10.3. Mejorando la vida de los pobres

10.4. Creación del Ministerio del Desempleado

10.5. Peso exacto y precio justo

10.6. Control de la producción, distribución y venta de alimentos de primera necesidad

10.7. Recursos Alimentarios

10.8. Protección total a los productos bolivianos

10.9. Re-direccionamiento del presupuesto General de la Nación

10.10. Creación del Viceministerio de la deuda estatal externa e interna

10.11. Soberanía del dinero de Bolivia (banca nacional e internacional)

10.12. Acciones económicas inmediatas

10.13. Impuestos Nacionales

10.14. Inventario de las riquezas naturales tangibles e intangibles

10.15. Distribución equitativa de los recursos naturales

10.16. Producción Científica

10. BOLIVIA ESTATAL: realidad, problemas y soluciones

Realidad y Problemas Sociales

11.1. Sometimiento de magistrados, jueces y fiscales

11.2. ¿Por qué magistrados, fiscales y jueces se someten al poder presidencial hasta llegar al extremo del servilismo?

11.3. La opinión del pueblo sobre la conducta de jueces y fiscales

11.4. "Requisitos" para tener protección Judicial

11.5. "Elección" de magistrados

11.6. Fiscal General del Estado

11.7. Procurador General del Estado

11.8. Contralor General del Estado

11.9. Selección y elección de senadores y diputados

11.10. Las Fuerzas Armadas (FF.AA.)

11.11. ¿Qué es el Registro Internacional Boliviano de Buques (RIBB)?

11.12. El Servicio Militar Obligatorio

11.13. Sometimiento de las Fuerzas Armadas

11.14. La Policía Boliviana

11.15. Policías al servicio de la represión gubernamental

11.16. Abusos y delitos cometidos por los policías.

11.17. Los cocaleros del Chapare "intocables" para la Policía

11.18. Comportamientos reflejos

11.19. Casos de linchamientos (asesinatos) en pleno siglo XXI

11.20. La violencia social y/o política

12 SOLUCIONES PARA LA REALIDAD Y PROBLEMAS ESTATALES

12.1. Defensa Permanente del Estado boliviano

12.2. Obediencia y respeto a la Constitución Política del Estado y a las leyes

12.3. Postulantes a altos cargos públicos por mandato Constitucional

12.4. Creación de la Unidad de Control Judicial

12.5. Protección y defensa de la independencia de poderes

12.6. Política Marítima

12.7. Nueva filosofía y política diplomática

12.8. Alianzas internacionales con países desarrollados en lo científico y tecnológico

12.9. Fuerzas Armadas de élite

12.10. Nombramientos de comandantes

12.11. Comisión Permanente Estatal para Control Interno de las FF.AA.

12.12. Control estricto en los exámenes de ingreso al Colegio Militar

12.13. Policía digna, soberana y constitucional

12.14. Nuevo comportamiento de la Policía

12.15. Procedimiento moderno y civilizado de la Policía

12.16. Insumos acorde a las necesidades y crecimiento poblacional

12.17. Capacitación Permanente a los mandos superiores y sus subordinados

12.18. Policía moderna en lo técnico, científico y cibernético

12.19. Nuevo tratamiento de la Unidad de Seguridad Física

12.20. Bonos económicos especiales para los "Policías Triple E"

12.21. Recursos directos en lugar de recaudaciones

12.22. Creación de la Comisión Permanente Estatal de Control Interno de la *Policía*

12.23. Control estricto en los exámenes de ingreso a la ANAPOL

12.24. Ley Dura contra la corrupción (Vea el Anexo "Erradicación de la corrupción estatal")

12.25. "Fedatarios Estatales Incognitos"

12.26. Protección absoluta a los trabajadores

12.27. Nunca más la existencia de sindicatos paralelos

13 LA NUEVA BOLIVIA GUBERNAMENTAL, realidad, problemas y soluciones

Realidad y Problemas Gubernamentales

13.1. Nueva mentalidad en la conducta **de los gobernantes**

13.2. La libertad social, política y gubernamental

13.3. La libertad en el contexto histórico de Bolivia

13.4. ¿Qué tipo de gobernantes son los que más suprimen la libertad?

13.5. *Inteligencia* de los jerarcas del Estado

13.6. La conducta de los políticos masistas

13.7. El gobierno visto desde dentro

13.8. Mediocridad Estatal y analfabetos ideológicos

13.9. La gran mentira de las 20 horas de trabajo de Evo Morales

13.10. El MAS, gobierno del Plagio

13.11. Loros amaestrados

13.12. Asesores extranjeros y similares protegidos por Evo Morales

13.13. El buen vivir, pero sólo para los masistas y sus socios

13.14. Compromisos gubernamentales que nunca se cumplen

13.15. ¿Proceso de cambio, o cambio de vestido por pollera?

13.16. Venganza del gobierno de turno

13.17. La globalización al interior del gobierno

13.18. Culto a la personalidad

13.19. Dirigentes sindicales y su servilismo al gobierno

14 SOLUCIONES PARA LA REALIDAD Y PROBLEMAS GUBERNAMENTALES

14.1. Política gubernamental de brazos abiertos (Gobernando Juntos)

14.2. Defensa del usuario de los servicios estatales

14.3. Facilitadores Estatales

14.4. Academia de la conciliación entre Estado y Pueblo

14.5. Nueva conducta gubernamental

14.6. Empleados y autoridades estatales del Tercer Milenio

14.7. Cambio de conducta estatal y gubernamental

14.8. Profesionalización estatal (capacitación para un comportamiento ético, honesto y transparente de los funcionarios públicos)

14.9. Evaluaciones de rendimiento de las instituciones estatales

14.10. Control directo e inmediato de fortunas de empleados estatales

14.11. Control y lucha contra el abuso de autoridad

14.12. Prohibiciones de concentraciones, marchas de apoyo de empleados públicos

14.13. Trabajadores estatales con nuevos privilegios:

14.14. Ascenso de cargo (selección y elección)

14.15. Iniciativas e innovaciones propuestas por los empleados estatales

14.16. Premios especiales a los mejores empleados estatales

14.17. Premio a la excelencia gubernamental de autoridades y empleados

14.18. Creación de Academias y Centros de Investigaciones Estatales

14.19. Apoyo a artistas, músicos, pintores, escritores, poetas, ensayistas, etc.

14.20. Ministerios Departamentales

14.21. Innovación en la elección interna del partido de senadores y diputados

14.22. Medios de comunicación con absoluta libertad de expresión e investigación

14.23. Radio comunicación instantánea (Radio/Televisión por Internet).

14.24. Devolviendo a los periodistas los privilegios del "cuarto poder"

15 La gran patria boliviana para todos los bolivianos
Siglo XIX la Revolución Independentista
El patriotismo como ideología de Estado
¿A qué se debe la falta de patriotismo de los políticos y gobernantes bolivianos?
Siglo XXI ¿Bolivia necesita una revolución?

La pacífica pero efectiva Revolución del Comportamiento
EPÍLOGO

DE LA BOLIVIA AGRESIVA, DICTATORIAL Y ATRASADA RUMBO A LA BOLIVIA AMABLE Y MODERNA

PRESENTACIÓN

Los gobernantes que aman a su país y respetan a sus connacionales[1], aparte de obedecer los mandatos y las decisiones del pueblo manifestadas en elecciones y otras manifestaciones democráticas, administran al Estado para fortalecerlo, haciéndolo poderoso para que tenga un amplio poder de influencia internacional; simultáneamente desarrollan políticas inamovibles y protectoras a favor del pueblo para que éste disfrute del bienestar económico, social y humano; es decir, todos los gobernados están debida y confortablemente protegidos por el Estado.

La práctica de aquella conducta política se debe a que la mayoría de las autoridades se manejan, al interior y exterior de la cosa pública, con ética, eficiencia y haciendo uso correcto cotidiano de los mandatos de las leyes y de la Constitución Política del Estado, además poseen conocimientos profesionales necesarios para los cargos que ocupan.

En contraposición, nuestro país, en lo material y en lo intelectual, en lo científico y tecnológico, en lo político y en lo social, en lo económico y estatal, sigue estancado en el pasado.

Hoy, en pleno siglo 21 (julio 2019), los políticos del pasado y del presente, oficialistas y opositores, tanto de la derecha y centro como de la izquierda, siguen actuando con los viejos y viciados comportamientos, cuyas conductas negativas y perjudiciales son hartamente conocidas. Al respecto citaré sólo unos cuantos ejemplos.

Los gobernantes, en lugar de fortalecer al Estado, lo **saquean**, luego lo **debilitan**, **destruyendo e hipotecando** el futuro de las generaciones venideras; en lugar de proteger **absolutamente** a todos los gobernados, les **engañan**, les **mienten** y les **maltratan**, proceden de esta manera para gozar de toda clase de beneficios personales y/o de grupos privilegiados.

Cuando los del pueblo reclaman, el gobierno:

☐   Activa sus mecanismos de represión (implementación del terrorismo de Estado) y a los contestatarios los **gasifican, golpean, hieren, incluso los asesina**n.

☐   Cuando la resistencia es muy fuerte, el gobierno abusivamente viola la Constitución Política del Estado (**CPE**), no respeta las leyes y desconoce el voto soberano del pueblo; por otro lado, violenta dictatorial o leguleyamente la democracia y restringe represivamente las libertades.

Dicho comportamiento dictatorial se debe a que las autoridades carecen de principios ideológicos constructivos, sus conocimientos de administración estatal, son pobres y, por lo general, se manejan de acuerdo a la coyuntura circunstancial; finalmente el accionar gubernamental de todos los días, nos demuestra que no tienen ética, honor y dignidad, y que no conocen, ni saben lo que es el patriotismo estatal; pero eso sí, saben muy bien y con alta eficacia llevar adelante sus actos delictivos; es decir, se olvidan de los preceptos constitucionales con la finalidad de:

☐   **Encubrir** sus millonarios actos delictuosos, para **enriquecerse** rápida, grosera y descaradamente.

☐   **Controlar** a los **gobernados** para que nadie levante la voz de protesta.

Debido a ese abusivo comportamiento, se crea la aberrante dicotomía, donde existen:

☐   **Gobernantes** exageradamente corruptos quienes, debido a la pasividad del pueblo, gobiernan en beneficio propio y de quienes los rodean; y

☐   **Gobernados** que viven silenciados por el miedo y el terror impuestos por la casta dominante insertada al interior del poder presidencial.

Destacadas personalidades, formadores de opinión, intelectuales, periodistas y analistas que, por espontánea obligación moral, ética y/o personal, **deberían exigir** a la clase **gobernante**, tanto el cumplimiento de los mandatos constitucionales, como el acatamiento de las leyes, evitan exponer públicamente sus puntos de vista, evitan cuestionar y/o censurar el comportamiento delictivo y abusivo de las autoridades gubernamentales. ¿Por qué tienen éste comportamiento de indiferencia, lasitud y/o cobardía?

En unos casos, al ser "seducidos" por la *generosidad* del gobierno (dineros, privilegios, favores, etc.), se ven "obligados" a **no** emitir declaraciones que incomode a la clase gobernante; en otros casos, amenazados por los diferentes instrumentos de coerción y extorsión gubernamental (persecuciones judiciales, políticas, incluso vapuleos de grupos de choque, de policías, etc.), **evitan** hablar y/o actuar con aquella libertad ideológica, moral y/o ética que es la característica principal de los intelectuales valientes e independientes.

Ante la débil voz de los opositores, ante la cotidiana tolerancia de los gobernados, el gobierno sigue obligando al pueblo a transitar por la ruta diaria del sometimiento gubernamental en todas sus formas.

El silencio, unas veces permisivo, otros, obligado, de opositores, de la prensa y del mismo pueblo ante el descarado y recurrente uso y abuso absoluto del poder gubernamental, ha permitido que los tentáculos del gobierno se extienda a los órganos Legislativo, Judicial, Electoral, anexando a las Fuerzas Armadas, a la Policía Boliviana, al Defensor del pueblo, al Fiscal General de la Nación, al Contralor General del Estado, al Procurador General, a los magistrados del Tribunal Constitucional, etc., de esta manera:

☐ Jueces, fiscales y magistrados dejan a un lado los principios de **independencia**, **imparcialidad**, **probidad y transparencia**, sometiéndose a los mandatos de la rosca presidencial (Órgano Ejecutivo).

☐ El primer poder del Estado (el órgano Legislativo), se ha convertido en el último de los poderes estatales, ya que sus diputados y senadores (oficialistas y algunos tránsfugas de la oposición), en lugar de **fiscalizar** cumpliendo los **mandatos constitucionales**, en lugar de crear leyes que favorezcan a sus mandantes (los **gobernados**) y al Estado (Bolivia), se han convertido en simples y serviles levanta manos para aprobar leyes, más de las veces, sin conocer y/o entender su contenido; leyes que sirven para encubrir delitos gubernamentales, leyes que se usan para extender o prolongar el poder gubernamental, leyes que se aplican para defender los privilegios, intereses y otros que benefician a los gobernantes de turno y a sus socios, por lo general empresarios corruptos, banqueros ultra capitalizadores, etc.; leyes que sirven para perseguir a los que denuncian los delitos, actos de corrupción, abuso y violaciones del gobierno o para encarcelar a los que protestan contra el gobierno.

☐ Alcaldes y gobernadores oficialistas, en lugar de gobernar sus territorios autónomos, favoreciendo a sus gobernados, se **muestran obedientes, sumisos y serviles** a las órdenes y decisiones del Órgano Ejecutivo.

☐ Comandantes de las Fuerzas Armadas y de la Policía Boliviana que se **cuadran**[2] ante los jerarcas del Órgano Ejecutivo, y le juran lealtad política al Presidente, olvidando que a quien le **deben lealtad** es a la **Patria** y a quien deben defender y cuidar es al Pueblo.

☐ Ciertos políticos, analistas, intelectuales, deportistas, artistas (músicos, cantantes, bandas, cineastas, etc.), en unos casos patrocinados y/o **amordazados** por las prebendas y los dineros, y por otros privilegios ocasionales, unos se vuelven adulones, otros discretamente se ocultan tras el silencio circunstancial, a éstos es el **miedo** a ser reprimidos (política, jurídica y/o penalmente) lo que les obliga a actuar de dicha manera.

☐ Dirigentes sindicales y cívicos que, por **obtener** y/o **mantener privilegios** (por lo general compensaciones económicas o evitar juicios penales), se muestran públicamente útiles y serviles al Órgano Ejecutivo.

☐ Dueños de medios periodísticos, especialmente de la televisión, dan directrices a los periodistas para que, sutil o abiertamente, se oculten o se minimicen (**encubran**), actos de corrupción, de mala praxis gubernamental, hechos que violentan los mandatos de la Constitución Política del Estado y de las leyes, escándalos de autoridades estatales de alto nivel; actos que cotidianamente violan los derechos de los **gobernados**, incluso de los mismos periodistas, todo ello a cambio de venta de abundantes espacios publicitarios exageradamente bien pagados por el gobierno con dineros de los bolivianos; por otro lado ciertos periodistas (empleados), proceden igual o peor que sus patrones, a cambio de *bonos* especiales (pequeños 'bonos' mensuales, regalos, viajes, favores y/o privilegios gubernamentales, etc.).

Ante este constante accionar autócrata y dictatorial de los jerarcas del gobierno, los gobernados están totalmente indefensos, huérfanos y desvalidos, pues no tiene protección judicial, seguridad ciudadana, además se les violentan sus derechos y libertades individuales y/o colectivas, etc.

El drama que viven los bolivianos, aquellos que no están vinculados al poder gubernamental, tiene una analogía paradójica:

☐ los reprimidos, maltratados, abusados y rebeldes **de ayer** (los de ojotas y zapatos, los de ponchos y 'tenis') llegan al poder, obran igual o peor que aquellos que los abusaron y maltrataron; es decir, **reprimen**, **persiguen** y **criminalizan** peor de lo que les hicieron los anteriores gobiernos, lo que confirma la práctica mejorada de la típica conducta coyuntural del político circunstancial y/o pancista, convertido en gobernante

☐ los contestatarios, los libre pensantes, los disconformes, los que ayer reclamaban sus derechos y los derechos de los que no tienen voz, los que denunciaban la descarada y diaria corrupción gubernamental, los que reclamaban por una honesta administración de los recursos económicos del Estado, poco a poco han ido desapareciendo del escenario gubernamental y en su lugar surgieron los amantes del uso del **hacha gubernamental**[3] que siempre y, más de las veces, de frente o a traición, la clavan en la espalda del rebelde, del idealista (que quedan muy pocos) del patriota honesto (que está perdido en el olvido), quienes tras el golpe terrorista del gobierno, si no mueren, quedan mortalmente heridos o mutilados.

Los del gobierno, convencidos de que la persecución policial y judicial, rinde excelentes resultados, con más vigor, con más cinismo, siguen transitando por los ocultos círculos de los vicios y delitos gubernamentales. Vicios que se traducen en el descarado y recurrente uso arbitrario del poder gubernamental, extendiendo el contagio del virus gubernamental a todos los sectores del Estado y en todos los niveles. No hay autoridad, funcionario, empleado público que no meta su mano al enorme boquete que la rosca presidencial ha perforado para robar los recursos del Estado.

Cuando violar la Constitución y las leyes no es suficiente, desechan la voluntad popular expresada en sus votos electorales. Ahí lo tenemos al gobierno que, descaradamente, desobedece los mandatos de los gobernados ya que decide desconocer la aplicación vinculante del Referéndum del 21 de febrero del 2016 donde el pueblo de Bolivia, ante la pregunta de que si se aceptaba que se vuelva a postular Evo Morales y García Linera, reformando el artículo 168 de la CPE, la mayoría de los bolivianos le dijo **NO**; es palabras simples le dijo al Presidente y a su Vicepresidente *"No queremos más que se re-re-postulen para una cuarta elección. Ya han violado la Constitución anteriormente, ahora ya no queremos ni permitiremos que la vuelvan a violar."*

Ambos mandatarios, drogados por el poder, con la finalidad de eternizarse en el gobierno, igual que en el pasado dictatorial, crean un contra-sistema de cambios y reformas constitucionales absolutamente ilegales, incluso podría decirse delictivas. El comportamiento de ambos mandatarios, me trae a la memoria una descripción sobre Bolivia que hace Herbert S. Kleini[4] quien señala que «*Los historiadores bolivianos han sido unos **aficionados pobremente entrenados**, y los resultados históricos no cuentan con los principios de un **criticismo moderno** (...)*». El concepto de esta observación, es aplicable a los actuales **gobernantes**, y de manera muy especial a los responsables de hacer cumplir los mandatos constitucionales (los magistrados del Tribunal Constitucional) y las leyes (los miembros del órgano Judicial) quienes tienen una **pobre** y **mediocre** preparación en temas de administración estatal, constitucional y judicial; y conocimientos político-gubernamentales alejados de los principios inherentes a las necesidades y prioridades estatales; de ahí que se tenga un país con:

☐   autoridades y gobernantes **ineptos,** a veces **ignorantes;**

☐   autoridades y gobernantes **transgresores** de las normas, a veces **violadores** de la Constitución Política del Estado;

☐   gobernantes **represores,** a veces **criminales;**

☐   gobernantes **megalómanos** totalmente decididos a convertir a los **gobernados** en un **pueblo manso, obediente y callado;** es decir, en un pueblo **esclavo.**

Para que continúe fluidamente el movimiento diario de toda suerte de delitos económicos, constitucionales y judiciales, y nadie se atreva a fiscalizar o cuestionar al gobierno por estos y otros crímenes, el gobierno ha procedido a desarticular y dividir a partidos políticos, a sectores profesionales, a sindicatos a obreros y a campesinos, y a los del mismo pueblo boliviano, que hoy en día se encuentran no sólo polarizados, sino enfrentados, cual si fueran enemigos irreconciliables. Esta división ya ha cobrado gran cantidad de víctimas. Repasemos la historia pasada y reciente. Durante los 193 años de gobiernos democráticos y dictatoriales, neoliberales y populistas, los enfrentamientos, a veces salvajes y trágicos, otras veces, criminalmente fatales, nos dejaron un saldo final de cientos de miles de gasificados y apaleados, de decenas de miles de heridos y miles de muertos. Las víctimas casi siempre han sido del sector humilde del pueblo; en cambio los que dieron las órdenes, ni siquiera sufrieron un solo rasguño, excepto algún insulto o escupitajo (que lo tienen bien merecido).

Ayer, en la época de los gobiernos neoliberales, los heridos y muertos, eran víctimas circunstanciales de la represión gubernamental.

Hoy, en la era del gobierno de la (falsa) "izquierda", planifican, luego ordenan que gasifiquen y apaleen a discapacitados y ancianos, hieran y asesinen a universitarios, campesinos, mineros, incluso a cocaleros (que no son del Chapare), hasta permiten, como se hacía en tiempos de dictadura, que asesinen a su propia gente (caso Viceministro Illanes), o a militantes y simpatizantes a quienes los usarían como a carne de cordero, al respecto recordemos el "*Caso de terrorismo, separatismo e intento de magnicidio*" y "*Caso Porvenir*", ambos casos serían montados por el gobierno sin importar sacrificar a su propia gente.

La diferencia radica en que, los de ayer, lo hacían para poder llegar hasta el final de su mandato gubernamental; los de hoy, planifican las acciones criminales, no para cumplir su mandato presidencial, sino para perpetuarse en el poder.

Para perpetuarse en el poder:

☐ Hacen uso del terrorismo de Estado que termina en violentas represiones policiales.

☐ Usan y abusan de los instrumentos judiciales (amenazas, extorsión y persecución judicial).

☐ Uso de enormes recursos económicos (prebendas para comprar el silencio periodístico, político y judicial).

☐ La rosca gubernamental (el grupo que rodea y aísla al presidente y que actúa de "lobistas" criollos) para tener control totalitario del poder, con más fuerza y crudeza que la rosca de ayer, ha logrado la *desconstitucionalización* de los órganos y de las instituciones estatales.

Por lo expuesto, es necesario, sobretodo obligatorio salir del **encarcelamiento voluntario,** es tiempo de que los **gobernados** exijan que los autoridades de todos los niveles, pero en especial del Órgano Ejecutivo, gobiernen con **honestidad, ética e integridad respetando** los **mandatos constitucionales** y las **leyes** de Bolivia; y no de acuerdo a sus enfermizas megalomanías de querer eternizarse en el poder.

Es tiempo de reemplazar las **conductas negativas** de los gobernantes, por **comportamientos positivos**; es decir, en lugar de que los **gobernados** sigamos aceptando que los **gobernantes** continúen mintiendo, engañando, distorsionando la verdad, haciendo escuchar al pueblo falsas y empecinadas justificaciones para esconder sus errores, horrores y actos de corrupción, para ocultar sus gigantescos y visibles delitos gubernamentales y personales, todos los gobernados deben exigir la implementación e inmediata práctica de una nueva conducta en el comportamiento y accionar de los gobernantes.

Es tiempo de que los gobernados despierten de su largo letargo (13 años de silencio muy parecido a la estupidez contemplativa) y dejen de ser propiedad de un gobierno de corte estalinista; es tiempo de que recuperen Bolivia para todos los bolivianos y hagan de Bolivia una nación tal como nació: libre, independiente y republicana. Es hora de fundar la segunda República Una vez que Bolivia sea una república libre, independiente y democrática, deben recuperar la institucionalidad e independencia de todos los poderes del Estado, y también las instituciones castrenses (Fuerzas Armadas y Policía Nacional) para que sus comandantes obedezcan solamente a la Constitución y a las leyes bolivianas.

Finalmente los partidos políticos deben orientar sus críticas y enfrentamientos, no para construir su plataforma hacia la toma del poder, sino para conducir y administrar al Estado conforme lo exigen nuestra Carta Magna, las leyes y los mandatos de los gobernados, como las prioridades y necesidades de todos los bolivianos.

Para que la ideología del nuevo comportamiento se extienda por toda Bolivia, y esté al alcance de todos (gobernantes y gobernados) y para que todos los bolivianos tengan una patria con gobernantes éticos, honestos, legalistas y patriotas; y para que los gobernados vivan en permanente paz, armonía y solidaridad, se elaboró la *Revolución del Comportamiento*[5] ("**RdC**"), [S1] por consiguiente, las clases políticas (actuales y, en especial, las futuras) en su accionar en el escenario gubernamental, político, sindical, social, etc. tienen la obligatoriedad de ideologizarse y nutrirse con los principios básicos del contenido de la **RdC**.

Es tiempo de que todos los **gobernados** exijan que los **gobernantes** empiecen a ver al Estado ya no como un botín de guerra para asaltarlo, robarlo, saquearlo, y a los del pueblo como a sus pongos de hacienda.

Es tiempo de que oficialistas y opositores, gobernantes y gobernados, deben aunar entendimientos de manera sincera y recíproca, e interactuar con la nueva mentalidad que idealiza la Revolución del Comportamiento, y así conseguir que los gobernantes se conviertan en autoridades que **protejan** y **beneficien** absolutamente a todos los gobernados; haciendo de todos los bolivianos, una nación unida, solidaria y amable; y de Bolivia, la mejor patria de toda nuestra historia.

La nueva generación de políticos y gobernantes bolivianos, debe actuar de tal manera que Bolivia se convierta en una potencia real, y no imaginaria, ni teórica o fantasiosa como la que nos presenta el actual gobierno[6]; y que la clase gobernante, administre a Bolivia y gobierne a los bolivianos partiendo de una premisa: que las autoridades nacionales y sub-nacionales (desde el presidente de Bolivia hasta el último de los concejales municipales) han sido elegidas en calidad de administradores de la cosa pública, y no en usurpadores en la perspectiva del corrupto, millonario y rápido enriquecimiento.

Las autoridades estatales, han sido elegidas para que gobiernen como demócratas, no para que nos gobiernen tal cual si fueran **emperadores** o **reyecillos**; es decir, Bolivia debe convertirse constitucional, gubernamental y filosóficamente en la patria protectora brindando protección a todos sus ciudadanos en igualdad de condiciones y respetar los derechos de cada uno y de todos los gobernados, sin distinciones ni exclusiones de ninguna naturaleza.

En la actualidad existen dos grupos de bolivianos, uno, los de la Bolivia dictatorial, agresiva y atrasada que defienden al gobierno de la dictadura, el totalitarismo, la corrupción, el narcotráfico, el contrabando, el ateísmo y, sin conocer el contenido y las consecuencias futuras, la imposición en Bolivia de la doctrina cubano-estalinista con su mejor ejemplo continental: la trágica y actual situación social y política en que vive la Venezuela del narco-dictador Maduro.

El segundo grupo está conformado por mujeres y hombres honestos, éticos y dignos de su honor, de su familia y de su patria, quienes defienden la democracia y luchan cotidianamente por el espontáneo ejercicio de sus libertades, por el cumplimiento de los resultados del Referendo del 21 de febrero de 2016 y aman vivir en paz, seguridad y total libertad buscando la unidad de todos los bolivianos. Este es el grupo que debe exigir al próximo gobierno la implementación de la **REVOLUCIÓN DEL COMPORTAMIENTO.**

1. ANÁLISIS DE LA ACTUAL SITUACIÓN DE BOLIVIA
1.1. Comportamiento de la oposición

Hasta la fecha, tanto agrupaciones y partidos políticos opositores como plataformas y activistas que luchan por el respeto del Referendo del 21 de febrero del 2016, al igual que muchos ciudadanos, **en vano** han tratado (y aún tratan) de inhabilitar la candidatura **inconstitucional** de Evo Morales y García Linera.

En un país donde están sometidos servilmente los magistrados del Tribunal Constitucional Plurinacional, lo mismo que jueces y fiscales, y de manera más cínica y desfachatada la presidenta y los vocales del Tribunal Supremo Electoral, es imposible que se logre dicho objetivo.

Con autoridades de instituciones oficiales internacionales (ONU, OEA, CIDH, etc.) que se dejan "seducir" (¿mediante dinero, simpatía ideológica, vínculos con el narcotráfico, obsequiosas y privilegiadas atenciones, etc.?, no lo sabemos) y cambian de discurso de la noche a la mañana, caso Luis Almagro, Secretario General de la OEA quien fue calificado por Evo Morales de "servil al imperialista Trump", y a su vez Almagro atacaba duramente la conducta dictatorial y totalitaria de Maduro el aliado de Evo, terminó adulándolo a éste último, dándole el calificativo de "adalid", además de ir al Chapare –principal centro de producción de coca ilegal y de elaboración de cocaína- donde fue coronado con hojas de coca por haber declarado públicamente su apoyo a Evo Morales el candidato inconstitucional.

También tenemos el caso de los miembros de la Comisión Interamericana de Derechos Humanos que sesionó en Sucre, en febrero 2019, quienes cuando fueron consultados sobre la violación a la Constitución Política del Estado y a la democracia en Bolivia cometida por Evo Morales, emitieron juicios neutros y/o evasivos, mandando a las agendas griegas las denuncias y demandas contra la **inconstitucional tercera re-postulación continua** de Evo Morales (2009, 2014 y 2019).

Por la suma de todos los antecedentes, los amantes de una Bolivia unida, democrática e independiente, sin dejar de presionar en los estrados judiciales nacionales e internacionales (no porque se vaya a conseguir la anulación de la candidatura de Morales, sino para tener un registro de cómo hoy en día se manejan las instituciones internacionales, y a nivel nacional tener un agente histórico para que mañana se pueda llevar a la cárcel a todos los serviles y violadores de la CPE y de las leyes bolivianas.

No se puede esperar mucho de la oposición, excepto si dan un giro de comportamiento político de 180 grados y no actúen cometiendo errores y horrores electorales, por ejemplo el cometido por aquel conocido candidato opositor quien, obediente al canto de las sirenas de viejos zorros de la política que sólo quieren asegurarse una diputación o una senaduría, pactó con viejos políticos y con ciertos líderes de las plataformas del 21/F. Resultado final:

☐ las plataformas perdieron su esencia de protesta social,

☐ los electores que los apoyaban, quedaron desilusionados,

☐ el candidato que se "adelantó" a los otros opositores, en lugar de ganar puntos, los perdió, (aquí se aplica ese viejo aforismo político: "hay sumas que restan").

Estas viejas conductas nos demuestran que la oposición debe cambiar de estrategia y, quizás, de estrategas, también de pensamiento y comportamiento, caso contrario, el próximo gobierno, va a ser más breve del que fue el de Mesa.

1.2. Probables escenarios Políticos antes, durante y después de las elecciones

Se proyectan 16 posibles escenarios, de los cuales 9 favorecerían al MAS (Evo Morales), y 7 a la oposición; de éstos, solamente tres, podrían ser opcionales para favorecer a la oposición. (Vea el Anexo "**Escenarios Electorales**").

De todos ellos, dos son los más probables:

1. Conociendo la conducta servil de la presidenta y de los vocales del Tribunal Supremo Electoral, (que llevaron adelante las truchas elecciones "primarias", donde los nueve partidos tenían **UN SOLO BINOMIO**, logrando

que Evo Morales y García Linera aseguraran su candidatura para las elecciones del 20 de octubre del 2019), los del TSE, fieles a su servilismo, seguro que recurrirán al fraude para que el binomio anticonstitucional Evo-Álvaro, aparezca como ganador de las elecciones.

☐ Se presentaría por parte del MAS o de algún palo blanco, una demanda al TCP para que se anulen las elecciones por "inconstitucionales", entonces, los miembros del actual Tribunal Constitucional Plurinacional (máxima instancia que controla el estricto cumplimiento de los mandatos de la Constitución Política del Estado) dados los antecedentes del comportamiento espurio, servil y corrupto de los anteriores miembros del TCP (2011-2017) que emitieron un fallo otorgándoles a Evo Morales y García Linera el **derecho humano** de postularse para una tercera reelección continua (1) 2009; **2) 2014; 3) 2020**), podrían emitir una sentencia constitucional declarando nulas las elecciones del 20 de octubre del 2020 el argumento jurídico-constitucional de sobre posición y colisión de la sentencia 084/2017 con el artículo 168 de la CPE

1.3. ¿Por qué la mayoría de los gobiernos insiste en quedarse en el poder?

A excepción de muy pocos gobiernos (Vea el Anexo: *"Presidentes de Bolivia"*), la mayoría, buscan perpetuarse en el poder, o retornar constantemente a él; para lo cual, en lo constitucional, violan los mandatos de nuestra Constitución; en lo electoral, recurren al fraude electoral en todas sus formas (Vea el Anexo: *El fraude electoral "hecho" en Bolivia*), incluso recurren al desconocimiento del voto soberano del pueblo (por ejemplo los resultados de las elecciones de marzo de 1951, y las del Referendo del 21 de febrero de 2016); en lo democrático, restringen las libertades y derechos; y en lo gubernamental se dedican a enriquecerse mediante el uso y abuso corrupto del aparato estatal. Aparte de lo mencionado, también buscan atornillarse a la silla presidencial, para salvarse de ser juzgados por sus delitos de orden político, gubernamental, incluso civil y penal. Por eso, para que sus delitos queden en la impunidad, cometen toda suerte de violaciones y crímenes.

Para entender el porqué de dichos comportamientos delictuosos, brevemente recordemos los últimos hechos políticos que, en cierta forma transformaron con alguna profundidad, el panorama político, pero no la conducta de los políticos. Repasemos los últimos momentos de Goni (el ex presidente Gonzalo Sánchez de Lozada) quien en Octubre del 2003, se resistía a dejar el poder por múltiples razones, pero ninguna de ellas era una razón de Estado; más bien eran razones ajenas al Estado. Por ejemplo los "socios" de Sánchez de Lozada, le obligaban a "perfeccionar" la *capitalización* (un mega delito económico contra Bolivia, vea el Anexo: *"Los procesos de Privatización, Capitalización y Nacionalización"*), por el otro lado, enceguecido por los encantos del poder gubernamental, Goni, cometió muchos errores de cálculo político, en especial el de no renunciar, cuando ya no tenía otra alternativa que abandonar la silla presidencial.

Ante la porfiada e inútil resistencia de Goni (que en un poco más de un año, había provocado setenta muertos) el pueblo boliviano, que ya estaba sobresaturado de aquél gobierno (como hoy lo está del actual gobierno), finalmente le obligó no sólo a renunciar, sino a salir huyendo del país acompañado de su rosca presidencial.

1.4. Comportamiento del oficialismo

El actual gobierno tiene el mismo comportamiento negativo que el gobierno de Goni y de muchos otros que le precedieron, con la agravante:

☐ De ignorar el poder de la voz del pueblo (desconocimiento del voto del soberano del Referendo del 21 de febrero del 2016, metiendo en la congeladora la vigencia del **artículo 168 de la Constitución Política del Estado** que señala que el Presidente y Vicepresidente sólo pueden ser reelectos **por una sola vez de manera continua.** (Vea el Anexo *"Las falencias y engaños de la Sentencia Constitucional 084/2017"*).

☐   De la constante violación de la Constitución Política del Estado (desconocimiento de los artículos 168, 410 y 411 de la CPE; vea el anexo: "

☐   Del quebrantamiento, anulación e interpretación a voluntad de las leyes (Ley del Régimen Electoral) e imponer otras (Ley 1096 -elecciones primarias-).

☐   El sometimiento de los jerarcas de todos los órganos del Estado, en especial del Tribunal Constitucional Plurinacional y del Tribunal Supremo Electoral.

☐   Con la compra de favores de representantes de organismos internacionales, en especial de la OEA.

Esa forma totalitaria de gobernar tiene una variedad de ineludibles intenciones:

☐   Hacer desaparecer las pruebas y evidencias de sus multimillonarios actos de corrupción.

☐   Transferir (y/o lavar) los millones de dólares que han acumulado durante sus permanencia en el poder.

☐   Evitar que se descubran las verdaderas razones por las que no exigió a los Estados Unidos la extradición de Goni para ser enjuiciado en Bolivia.

☐   Anular inevitables juicios de responsabilidades por gigantescos daños económicos a Bolivia.

☐   Evitar ser juzgado por crímenes de lesa humanidad (casi cien muertos).

☐   Evitar ser juzgado por violaciones a la CPE y a las leyes, en especial por desconocer el voto del Referendo del 21 de febrero;

☐   Evitar juicios por habilitarse inconstitucionalmente para una tercera reelección.

☐   Evitar ser extraditados a los Estados Unidos (o ser detenidos en el exterior como lo fuera en su momento el ex dictador Pinochet) sea por denuncias de crímenes de lesa humanidad, sea por su aferrada defensa y/o vínculos con el narco-dictador Nicolás Maduro; sea por ser presidente de las federaciones de cocaleros del trópico de Cochabamba quienes estarían involucrados en la venta de coca ilegal a los narcotraficantes y en la producción comercialización, venta interna y externa de la cocaína.

☐   Oscurecer la memoria judicial y eludir el delito de **traición a la patria** al permitir que "asesores" extranjeros (cubanos que le dan línea política al gobierno), le hayan inducido para que el actual gobierno tenga en sus espaldas casi cien muertos, miles de heridos, decenas de miles de gasificados y apaleados.

1.5. *Febrero* y *Octubre*, los meses fatales para Evo Morales

La historia del mundo político está llena de paradigmas muy similares que ni la propia ciencia ha podido refutarlos.

Evo Morales Aima y su vicepresidente García Linera deben recordar que la historia de Bolivia tiene puntos coincidentes y repetitivos, donde las fechas y los hechos de la **sucesión de eventos similares** se encadenan de tal manera que ningún gobernante que quiso aferrarse al poder de por vida, a estos fatales hechos jamás pudo vencerlos, eludirlos y/o cambiarlos.

En el caso de Evo Morales nos remitiremos al encadenamiento que encontramos en la sucesión de eventos idénticos que se dan en los meses de **febrero** y **octubre**, con el ex presidente Gonzalo Sánchez de Lozada (Goni) y el actual presidente de Bolivia Evo Morales.

En el mes de **febrero** del 2003, Goni desata su tragedia política, al tratar de imponer el impuesto a los salarios, provocando la reacción del pueblo. Reacción que deriva en enfrentamientos, con una variable, el choque es entre policías y militares, con civiles de por medio, con saldo de una veintena de muertos y decenas de heridos.

Ante estos hechos y otros que se dan posteriormente, el pueblo exige la renuncia de Goni quien decide aferrase a la silla presidencial y declara: *"No voy a renunciar"*, luego soberbio como es, burlándose del pueblo, añade: *"Mi esposa quiere seguir siendo primera dama"*.

La gente no aguanta más y expresando su descontento le exige que renuncie. Goni envía tanques de guerra y militares para "dispersar" a los manifestantes y destruir los puntos de bloqueo.

La sangrienta represión deja alrededor de 70 muertos y cientos de heridos.

Ante la masacre, reaccionan intelectuales y gente de a pie, además las Fuerzas Armadas dicen que no saldrán más a acribillar al pueblo. Finalmente, Goni el 17 de **octubre** de 2003 termina huyendo del país.

Recordemos que Goni empieza a cavar su tumba política en **febrero** y su muerte política se da en **octubre**.

Evo Morales, 13 años después, drogado por su megalómana obsesión de perpetuarse en el poder, y creyendo que es un **derecho humano morir sentado en la silla presidencial**, empieza a cavar su tumba al intentar reformar el artículo 168 de la Constitución Política del Estado (que no permite más de una reelección continua a los candidatos que están en el gobierno) y, en **Febrero** (2016), el pueblo de Bolivia, cansado del totalitarismo cubano-estalinista de Evo Morales, reacciona y mayoritariamente **vota por el NO** en el Referendo Modificatorio.

Evo Morales, en lugar de respetar la decisión del pueblo boliviano, desconoce los resultados del 21 de **febrero** y en **octubre** de 2017, ordenaría a los serviles del Tribunal Constitucional Plurinacional para que lo habiliten a él y a García Linera para una cuarta reelección continua.

Los seis sumisos magistrados del TSP, luego de redactar un ampuloso mamotreto (propio de un estudiante mediocre de derecho), emiten la Sentencia Constitucional 84/2017 habilitando a su jefe Evo Morales a candidatear de manera continua hasta su muerte.

Así como el pueblo le reclamaba a Goni que gobernara a favor de Bolivia y no de las transnacionales; pero como no escuchó, el pueblo le obligó a salir, no sólo del gobierno, sino de Bolivia y huyendo.

Así como hoy el pueblo de Bolivia le exige a Evo Morales que gobierne a favor de Bolivia y no de Cuba y Venezuela, así como le pide que deje de gobernar dictatorial y totalitariamente, y que respete el voto del Referendo del 21/F, y que respete el mandato del artículo 168 de la CPE, pero como no se da cuenta que ha llegado su hora de perder, le recordamos que la historia y los bolivianos honestos ya han decidido su futuro.

Antes de finalizar con el veredicto del futuro, recordemos el funesto mes de **octubre** (2018) para Evo Morales quien, preparó una gigantesca fiesta para celebrar un supuesto triunfo marítimo que le podría garantizar eternizarse en el poder, pero la fiesta se convirtió en velorio y duelo, pues la Corte Internacional de Justicia de la Haya le propinó su segunda derrota (la primera fue el **21 de Febrero**), cuando la Corte le dijo que Bolivia - en este caso Evo Morales- no tenía ningún derecho de exigirle a Piñeira –Chile- a negociar una salida al mar. Vean la cara de Evo Morales quien de la euforia que manifestaba días antes, incluso minutos antes del fallo, pasó al disgusto y a la frustración, de esta manera, **la sucesión de hechos similares** le demostraba que es un simple y mísero mortal.

A pesar de esta segunda advertencia, Evo Morales persiste en desafiar al futuro y parece que no se da cuenta que se acerca vertiginosamente las elecciones de **octubre** 2019, donde Bolivia y los bolivianos, le propinarán una tremenda paliza electoral.

De las decisiones que vienen de más allá del entendimiento mortal y humano, nadie jamás puede escapar, mucho menos un megalómano drogado por el poder, como lo es Evo Morales.

Un yatiri (adivino originario del mundo andino) ya le dijo a Evo Morales que siete señales de la Pachamama (la Madre Tierra) se han manifestado delante de él diciéndole que ya ha llegado la hora para dejar el palacio de gobierno; además ya se ratificó que el ciclo de la mala suerte de Evo Morales ya ha comenzado el 2016 y llegará a su culminación mucho antes de octubre de 2019.

Como vemos, es inminente la **tercera y definitiva derrota** de Evo Morales, lo que aún no sabemos es si, tras su derrota en las elecciones del 20 de **octubre**, le va a dar un infarto y, con el pretexto de buscar ayuda médica se vaya a Cuba, o quizás, en su desesperación salga, igual que Goni, huyendo del país.

No obstante estas perspectivas, conociendo los compromisos que tiene con sus "asesores" cubanos, sabiendo que tiene a su lado a otro megalómano (García Linera que sueña con ser docente de la Sorbona, cuando ni siquiera tiene un título universitario), no podemos descartar que Evo Morales, al tener control del Órgano Electoral, recurra al fraude o, con el apoyo de sus generales que imitarían la línea de los militares venezolanos (tal el caso del *cartel de los soles*, en alusión a las estrellas de los generales vinculados al tráfico de cocaína) desconozca los resultados electorales y se dé un autogolpe.

Adelantándonos a sus posibles reacciones totalitarias, se le aconsejaría a Evo Morales y a García Linera, que no intenten nunca más desconocer, negar o alterar el voto del pueblo boliviano, porque **esta vez el pueblo de Bolivia no les van a perdonar que desconozcan la decisión del soberano.**

Lo más saludable para Evo y Álvaro será aceptar los resultados de su derrota el 20 de **octubre** de 2019; o aún más saludable podría ser, que reconozcan la vigencia del resultado del Referendo del 21 de febrero 2016 y reconozcan la vigencia activa del artículo 168 de nuestra Constitución Política del Estado y luego renuncien a su candidatura, para que así la historia no registre una tercera, definitiva y humillante derrota que se dará el 20 de octubre de 2019.

2. PROYECCIÓN DE LA BOLIVIA AMABLE Y MODERNA

Introducción a los seis pilares de la "Bolivia Amable y Moderna".

2.1. Visión

↑ **Construir** una Bolivia con un Estado **Amable** y **Moderno**

↑ **Administrar** a Bolivia, ética, eficiente y honestamente.

↑ **Convertir** al Estado en fuente de inspiración ideológica, ética, moral y de permanente acción política y de constante trabajo estatal en favor del engrandecimiento de Bolivia y beneficio de los bolivianos.

↑ **Respetar** y hacer respetar la Constitución Política del Estado, las leyes y la independencia y separación de todos los órganos estatales.

↑ **Formar** una sociedad, donde los políticos, oficialistas y opositores, sean rivales decentes en las luchas y pugnas políticas y/o gubernamentales; y donde todos los habitantes y estantes de Bolivia, seamos excelentes vecinos y muy buenos amigos y compañeros de trabajo.

2.2. Misión

↑ **Implementar** Políticas de Estado para asegurar que nuestro país se encumbre a nivel continental en el desarrollo agropecuario, industrial, científico y tecnológico de tal manera que Bolivia forme parte del privilegiado grupo de los países **más desarrollados del mundo**; es decir, en un periodo de tres décadas Bolivia será la primera potencia de América Latina.

↑ **Diseñar** una súper estructura estatal para que las autoridades gubernamentales, lo mismo que los funcionarios estatales, nunca más actúen basados en conductas de terrorismo estatal, de abuso y corrupción gubernamental.

↑ **Edificar** un país solidario, humanitario e igualitario en todos los ámbitos, tanto civiles y sociales, como políticos y gubernamentales.

↑ **Gobernar** en igualdad de condiciones a favor de todos los departamentos y municipios sin importar los colores de los partidos.

↑   **Elegir a** los mejores hombres y mujeres de diferentes ideologías y posiciones políticas para que formen parte del nuevo gobierno y estén dispuestos a fortalecer y **modernizar** a Bolivia para construir juntos, la **Bolivia del Tercer Milenio.**

↑   **Buscar** y consolidar la **unidad** y el **bienestar** de todos los bolivianos.

Con la **visión** de construir un nuevo, amable y moderno país, y con la firme y decidida **misión** patriótica de defender a Bolivia y a los bolivianos tanto de las políticas cubano-estalinistas del gobierno del MAS, como de la creciente presencia de narcotraficantes nacionales y extranjeros, y dispuestos a detener la diaria extensión de la insaciable corrupción gubernamental y de otros delitos estatales, se incluyen **121** propuestas programáticas y **21 Políticas de Estado ("Súper Agenda 2020-2050")**, con el plus de la *Revolución del Comportamiento"* (**RdC**).

La **RdC es** una concepción doctrinal con contenidos sociales, filosóficos, políticos y gubernamentales, adaptada a la mentalidad, idiosincrasia y conducta de gobernantes y gobernados, y que deberá ser la piedra filosofal de la **Bolivia Amable y Moderna**, que a partir de su implementación, se imponga un nuevo mandato del pueblo: **cambiar la conducta** de gobernantes, funcionarios públicos y, por extensión imitativa, de los gobernados; es decir, el primer paso para construir la nueva **Bolivia se debe** desterrar, definitivamente, a los políticos y gobernantes de ayer (los **dinosaurios**) y a los políticos en función de gobierno de hoy (los **trogloditas**).

¿Por qué? Porque las actuales y nuevas generaciones necesitan crecer, desarrollarse y vivir en un país con gobernantes **honestos, éticos, eficientes**, sobretodo **patriotas**; pues las generaciones tanto del tercer milenio, como las del siglo pasado, están hastiadas y hartas de la existencia de políticos y gobernantes sobresaturados de vicios, taras, delitos y defectos que derivan en actos propios de dictadores, unas veces autoritarios y totalitarios, otras veces, megalómanos, al extremo de creerse divinos teócratas que deliran con eternizarse en el poder.

La principal misión de los bolivianos de honor y de integridad y que rechazan la corrupción, el narcotráfico, los asesinatos, etc., es acabar con toda esa crápula de políticos y gobernantes que tanto daño le han hecho y le hacen a Bolivia y a los bolivianos; y se debe luchar para que ingresen a gobernar jóvenes y adultos, hombres y mujeres cuyo máximo postulado sea respetan y hacer respetar los principios éticos, morales y religiosos, y además tengan preceptos ideológicos estrechamente relacionados con la patria y con el bienestar y desarrollo de todos los bolivianos;

La misión de la **Bolivia Amable** es revolucionar el comportamiento de autoridades y funcionarios públicos, de tal manera que Estado-Pueblo, tengamos una relación de armoniosa amabilidad y mutuo respeto para así vivir en permanente unidad en nuestro diario contacto y tratamiento social y/o político.

Cuando hablamos de la **Bolivia Moderna**, nos referimos a la obligatoriedad del nuevo gobierno de construir infraestructuras altamente modernas y eficaces en todo el sistema de salud pública (hospitales que contarán con equipamientos de última generación, con el número de médicos y enfermeras y los insumos médicos exigidos por los estándares internacionales); y alcanzar los estándares de desarrollo internacional construyendo complejos industriales ultra modernos (produciremos industria pesada, industria de montaje, industria electrónica e industria tecno-biológica y robótica).

2.3. Acciones constitucionales

Para que nunca más haya candidatos, tal el caso de Evo Morales y García Linera, que fueron habilitados **inconstitucionalmente para una cuarta postulación continua**, gracias al envilecimiento y sumisión de los miembros del Tribunal Constitucional Plurinacional (sentencia 084 de noviembre del 2017), y ratificados por el servilismo de los miembros del actual Tribunal Supremo Electoral (2018), aparte de desconocer el voto soberano del Referendo del 21 de enero del 2016, se deben **blindar** las políticas constitucionales para así darles absoluta soberanía a cada uno y todos los responsables de las instituciones y los órganos estatales.

2.4. Acciones en lo político, electoral y gubernamental

Alentaremos, por un lado, a los que están hartos de los políticos de ayer y, de manera muy particular, de los gobernantes de hoy; por el otro lado, exhortaremos a los periodistas que se manejan conforme a la ética y conciencia personal y profesional para que exijan ese mismo comportamiento a sus colegas; finalmente, pediremos a los bolivianos que están dispuestos a defender los principios de la **Libertad** y de la **Democracia**, trabajar unidos para **evitar** que el gobierno de Evo Morales **convierta a Bolivia en otra Venezuela**; es decir en un gobierno de corte cubano-estalinista; o lo peor, en un narco-Estado, que podría llevarnos a situaciones peores de las que vivió:

☐ Colombia con carteles y guerrillas vinculadas al narcotráfico (debemos recordar que en Bolivia no sólo existe poblaciones, donde está ausente el principio de autoridad, y donde la presencia del Estado es débil, incluso nula, sino que existen territorios donde la Policía tiene que pedir permiso a los dirigentes campesinos para ingresar a realizar controles policiales (hace poco en el Chapare los policías de lucha contra el narcotráfico fueron emboscados y heridos por productores de coca destinada al narcotráfico, y tuvieron que escapar para salvar sus vidas);

☐ o la que, en la actualidad, vive México, debido a la penetración social, política y gubernamental del narcotráfico (asesinatos masivos y crímenes selectivos de adolescentes y jóvenes, de periodistas, autoridades y candidatos políticos; al respecto, en Bolivia ya se hizo costumbre en los últimos tiempos los ajustes de cuentas y asesinatos de gente vinculada al narcotráfico, como también la penetración al interior de la Policía Boliviana tanto en los altos mandos como en niveles inferiores, los mismo que en el poder judicial y político);

☐   o de la actual Venezuela con cúpulas de narcotraficantes (políticos y militares) que ordenan para que, mercenarios y milicias, salgan a las calles y asesinen a su propio pueblo (al respecto en Bolivia, militares y policías de alta graduación, han sido denunciados, incluso enviados a la cárcel por sus vínculos con el narcotráfico). (Vea los Anexos: "**La realidad de la Policía Boliviana**" y "**El peligroso círculo de la coca-cocaína**")

3. **SALUD: realidad, problemas y soluciones**
Realidad y Problemas actuales en la Salud Pública (Sistema de salud del medioevo)

3.1. En lugar de salud, falsos discursos

Las políticas del gobierno de Evo Morales sobre salud, han sido y son un fracaso que ha afectado y afecta a millones de bolivianos que, en unos casos no reciben ningún tipo de atención médica gratuita, y en otros los que la reciben, para ser atendidos en los centros de salud, sufren un verdadero calvario.

Los defectos de la salud estatal son muchísimos, he aquí algunos:

☐ La salud se ha convertido en eslogan político, especialmente después de la promulgación de la ley del Servicio Único de Salud (marzo 2019)

☐ Sigue la vigencia de la perversidad de las "fichas"

☐ Pésima atención del personal estatal de salud

☐ Mala atención administrativa y médica en casos de emergencia

☐ Abandono de accidentados y enfermos graves desamparados

☐ Ausencia del Estado en el en control de calidad y venta de medicamentos e insumos de la salud

El Artículo 9 de la Constitución Política del Estado (CPE), señala*: (…) **garantiza el acceso gratuito de las personas a la salud** (…).*

*El artículo 18: (II) el Estado garantiza la inclusión y el acceso a la salud de todas las personas, sin exclusión ni discriminación alguna; (III) el sistema único de salud **será universal**, gratuito, equitativo, (…) en todos los niveles de gobierno.*

*Los del MAS en su propuesta ("Diez puntos del programa del MAS") señalan: "7. Salud **integral y total**. Con presupuesto adecuado, la salud debe alcanzar a todos por igual. **A ninguna persona**, en Bolivia, le faltará **nunca más** la atención médica que le permita vivir sanamente."*

Si todo aquel abultado discurso de ofertas no fuera suficiente, en su Agenda Patriótica 20-25, sus mentiras van más lejos, textualmente dice: "El 100% de las bolivianas y los bolivianos cuentan con servicios de salud permanente y adecuada a sus requerimientos y necesidades. (...). Bolivia cuenta con personal y profesionales de salud altamente calificados, con una gran ética de servicio, con infraestructura, equipamiento, medicinas, así como buenas condiciones para la atención a las personas."

Finalmente, en febrero de 2019, Evo Morales, promulga la ley del Sistema Único de Salud, cuyo principal contenido señala que a partir de marzo 2019 la salud será **gratuita y universal**. Cuando la Constitución desde el 2009: "*Garantiza el acceso gratuito de las personas a la salud-*" (Art. 9). ¿Redundancia verbal o ignorancia constitucional? Simplemente es propaganda electoral.

Los *derechos de la población de acceso gratuito a los servicios de salud,* es solamente un enunciado, pues a diario comprobamos que la salud en Bolivia sigue sufriendo los mismos problemas del siglo pasado.

3.2. La salud estatal no es gratuita

A pesar de las prestaciones y postulados del *SUS* (Sistema Único de Salud), para ser atendido se tiene que pagar de acuerdo al tipo de atención médica, los precios varían si es para el médico general, si es para el pediatra, si es para el dentista, etc. El paciente tiene que pagar por haber permanecido internado en el hospital, tiene que **pagar incluso por la negligencia médica** y por el mal trato que recibe.

Todo lo que dice y enuncia sobre salud pública el gobierno es un monumental montaje del engaño y la mentira, y firman parte de discurso barato, mentiroso y permanente de Evo y García Linera, por ejemplo:

☐ Los *principios constitucionales de la Salud* y también del **SUS**, no son implementados, ni respetados por el gobierno del MAS.

☐ No existe *el acceso gratuito a la salud*. Para ser atendido se tiene que pagar de acuerdo al tipo de atención médica que el

paciente necesita; es decir, el paciente tiene que pagar por
- ✓ la atención del médico,
- ✓ los análisis,
- ✓ la radiografía,
- ✓ los medicamentos,
- ✓ la atención dental,
- ✓ por la cirugía
- ✓ el uso de una cama si es internado,
- ✓ por las curaciones que recibe en emergencia

En conclusión, aparte de gastar su platita (que más de las veces escasa) el paciente tiene que **sufrir la mala atención médica** y el mal trato que recibe por parte del personal administrativo y por las enfermeras.

3.3. Pésima atención del personal estatal de salud

El acceso para la atención de los pacientes, aparte de ser complicado y difícil es **excluyente** y **discriminatorio**; si el paciente no tiene influencia (política, sindical, familiar, etc.), o conocidos, o recomendaciones, o no tiene pinta de alguien que conoce sus derechos, **recibe un trato pésimo,** y si se atreve a reclamar, directamente lo tratan con indiferencia, es decir, lo dejan para el último lugar; en palabras simples lo **discriminan**, luego lo **excluyen**.

La atención de salud no es **adecuada ni permanente. El paciente** (sea aquel que tiene un resfrío, un malestar estomacal, una enfermedad simple o grave, haya sufrido un accidente, etc.) para ser atendido, debe cumplir obligatoriamente varios pasos; y en su recorrido comprueba que:

No existe profesionalismo, ni siquiera **calidad ni calidez**, de parte del médico, de los residente, internos y/o de las enfermeras. En todo este trayecto (vía crucis hospitalario) para recibir atención médica en el sistema de salud estatal, los pacientes sufren un calvario de 4 a 6 horas como mínimo, entre filas y esperas; y si el paciente sufre de una enfermedad que requiere tratamiento especializado o intervención quirúrgica, debe esperar meses.

Muchos pacientes (accidentados, enfermos graves, intoxicados, etc.), que llegan a "emergencias" no son atendidos con la **emergencia** que requiere el caso (los soldados heridos en tiempos de guerra que son atendidos en el lugar de la batalla, reciben mejor trato que los pacientes que buscan atención en los hospitales públicos).

Otros pacientes, por falta de recursos humanos (médicos), físicos (infraestructura, falta de salas, camas, insumos médicos, etc.) **no son atendidos**, por consiguiente la garantía de que la salud es gratuita y que todos los bolivianos tienen asegurada una atención médica en cualquier centro u hospital público se convierte, de mandato constitucional en un simple y mal ejecutado enunciado.

El paciente en todo el prolongado trayecto de sufrimiento y miedo (desde el momento que empieza a hacer fila para recibir su ficha, hasta el momento de salir del consultorio médico y dirigirse a la farmacia o al laboratorio), tiene que atravesar un largo calvario, ya que **no encuentra nada de solidaridad** de parte del personal de salud. Conclusión: la atención en el sistema de salud estatal **es deficiente y muy pobre**.

3.4. ¿Falla el personal del centro de salud estatal, o falla el Gobierno?

Por supuesto es una cuestión de pensamiento y comportamiento socio-estatal; es decir fallan los senadores y diputados por dedicarse sólo a levantar las manos para aprobar leyes (que rara vez las leen). Leyes que no benefician a los pacientes de los hospitales públicos; fallan los gobernadores y alcaldes que se olvidan que una de sus competencias concurrentes con el nivel central del Estado les obliga a realizar gestiones eficientes sobre la salud; falla el ministro de Salud que no sabe dictar a sus subalternos políticas de salud que, por un lado cambien la conducta de médicos, enfermeras y personal administrativo, y por el otro que beneficien a los pacientes que se ven obligados a recurrir a los centros y hospitales públicos.

Pero la culpa principal es del Ejecutivo que, aparte de no contar con políticas de Estado que obliguen a las autoridades y empleados estatales a cumplir los mandatos constitucionales y las leyes sobre salud pública, no cuenta con un profesionales especializados para hacer seguimiento a todo el personal del sistema de salud pública y privada, además aquéllos profesionales deberían hacer seguimiento de atención consultando a los mismos pacientes, finalmente detectar todas las fallas para que otro equipo de técnicos y profesionales las corrija junto a los empleados médicos y administrativos..

Las fallas, en conclusión, se deben a la **falta de una Política Estatal integral** sobre salud.

3.5. Grado de responsabilidad de los pacientes.

Lamentablemente los pacientes no tienen el comportamiento del ciudadano que **sabe que debe reclamar sus derechos**. Cuando uno les alienta a los pacientes a reclamar su derecho a una atención eficiente, eficaz, como manda la Constitución, atemorizados responden: *"No hay caso de decirles nada, porque si uno reclama, a uno no lo atienden"*. Y esto es cierto porque el comportamiento de aquellos que trabajan en las instituciones estatales (de todos los sectores: hospitales públicos, Caja de Salud, cajas sectoriales, etc.) se creen reyes y a los pacientes que buscan atención médica, los ven como a individuos sin derecho a reclamar. Y si reclaman, hay que castigarlos. Y **se los castiga mostrándoles cara de perro rabioso, se los castiga atendiéndolos de mala gana: prolongando la espera, dándoles mal trato**; es decir, dictadorcillos como son, les demuestran que un paciente nunca debe reclamar, pues si lo hace está cometiendo el peor error de su vida.

3.6. Ausencia del Estado en las unidades, centros y hospitales públicos

Es evidente la falta de presencia del Estado en las instituciones públicas.

Los años 2012 y 2016, la población boliviana, a nivel nacional, se vio perjudicada por dos paros de médicos y del personal de salud, uno por 53 días (contra las 8 horas de trabajo de los médicos que se quedó como antes estaba 6 horas), y el otro de 47 días (contra la Ley 1005 que finalmente fue abrogada).

Por falta de presencia de Estado, por falta de políticas de Estado, por falta de seriedad del gobierno y por la mediocridad de sus autoridades, millones de bolivianos fueron perjudicados por falta de atención de salud durante 100 días en que estuvieron sin atención médica los bolivianos.

¿Qué logro el gobierno? ¡Nada!. ¿Qué lograron los médicos del sector público? Demostrar que las autoridades gubernamentales politizaron el paro médico, ya que en lugar de buscar soluciones que favorecieran a la población que requería atención médica; en lugar de imponer la presencia del Estado, se alejó del problema esperando que, por *desgaste natural* se cansen los huelguistas y suspendan los paros.

Tanto el gobierno, como los huelguistas podrían haber tenido razón, sin embargo la razón de los unos o de los otros, **jamás debe violar los derechos del pueblo**, especialmente en el campo de la salud estatal. Un enfermo no necesita razones o desacuerdos entre la dirigencia del sector salud y el gobierno, lo que necesita es que le curen, y no que empeoren su enfermedad con paros médicos; tampoco le interesa que el gobierno, trate de imponer sus caprichos o sus políticas dictatoriales al no llegar a acuerdos rápidos y sensatos con los huelguistas. En conclusión el problema, como vemos, reside en el pensamiento y la conducta de los encargados de brindar atención médica a los pacientes que recurren a los centros de salud públicos y, por supuesto también a la ausencia del Estado en el universo y territorio médico público.

No importa que, basándose en hechos reales, el presidente de Bolivia haya dicho de los médicos que: "se dedican al **tráfico de pacientes**, porque a los pacientes les dicen: "mira aquí no tenemos estos aparatos, anda a tal clínica, que es la clínica del médico." "Este sector que no quiere trabajar las ocho horas (es) para tener más tiempo, para dedicar todo su tiempo a la clínica privada." Lo que importa es que el presidente de Bolivia llegue a un acuerdo con el sector de salud en general para que los pacientes (los gobernados) cuando busquen atención médica pública, reciban atención médica con calidez, eficiencia pero sobremanera **profesionalismo**; y de ese modo el paciente retornaría a su hogar, esperanzado de que, agradeciendo la eficiente y excelente atención de parte del personal administrativo, enfermeras y médicos del sector de salud públlica.

3.7. Sistema administrativo de salud del medioevo

Para tener acceso a la atención médica estatal, el paciente debe cumplir obligatoriamente varios pasos:

☐ Comenzar haciendo una larga, prolongada y silenciosa fila a partir de las cuatro de la mañana (en muchos hospitales del país tienen que ir a dormir la noche anterior), para conseguir la tristemente famosa *ficha* (incluso muchos pacientes deben volver al día siguiente porque *se acabaron las fichas*), luego debe esperar su turno para ser atendido a las 8 o 9 de la mañana para el *chequeo* realizado por la enfermera. En otros hospitales dan la ficha un día antes con horarios restringidos. Igual las colas y esperas son largas.

☐ Nuevamente debe esperar una, dos, incluso tres horas para ser atendido por el médico, quien después de una rápida y muy superficial revisión médica (por lo general de 3 a 10 minutos), da su diagnóstico (más de las veces sin proceder de acuerdo al protocolo médico), escribe su receta y termina la consulta.

☐ Va a la farmacia del hospital, donde le dicen que dicho medicamento no tienen y que *se compre no más en una farmacia privada*.

☐ Cuando el médico, ante la insistencia del paciente, o porque la gravedad de la enfermedad así lo exige, determina que debe haber una cirugía, el paciente, después de hacer un largo y complicado papeleo, tiene que esperar para la intervención quirúrgica por varios meses.

3.8. La docencia (internos y residentes) en los centros de salud públicos

Francisco, uno de los tres internos de medicina, cuenta que en el hospital (público) donde realiza su internado, "las enfermeras son un 'caso', se creen las dueñas y las sabelotodo, es obvio que los años de experiencia le dan esos aires de grandeza que se dan. Son muy malhumoradas. En más de una oportunidad, mis compañeras han llorado por enfrentarse con ellas". Esta conducta de las enfermeras tiene su explicación en una frase que ellas constantemente se repiten entre ellas mismas: "hay que tratarlos duros a los internados, porque una vez que son médicos nos tratan como a basura a las enfermeras". Y el año de internado de los futuros médicos es la única oportunidad en la que las enfermeras, según su código de conducta, en ese tiempo tienen para estar por encima de los internos.

Respecto a los docentes, otro de los internos, denuncia: "El trato es como en un cuartel militar. Pienso que en el hospital no hay docencia, porque una vez le pregunté a una doctora: ¿Por qué le debo poner ringer lactato (un suero) para dos horas? La respuesta que recibí fue: Tú ponle y listo. Se asume que el interno debería saber el porqué del tratamiento médico, pero no es así. Ahora no sé si la doctora no sabía cómo explicar, o simplemente no sabía nada sobre el ringer lactado, o no tenía ganas de explicarme". Otro caso: "los docentes revisan tu labor, te califican y se van", dice una interna del hospital.

Por su parte un decano de la Facultad de Medicina de la Universidad Mayor de San Andrés afirma que en los centros de salud estatales existen castas médicas: *"Así como en el cuartel existen rangos, en la medicina hay una especie de 'casta médica'. En primer lugar están los doctores con especialidad y que tienen años de experiencia, le siguen los médicos titulados que se especializan (residentes) y en última instancia están los estudiantes de último año que hacen su internado. Es la* **competencia** *lo que hace que exista esta clase de comportamiento entre médicos y estudiantes.*

Hasta aquí podría aceptarse esta discriminación, pero la existencia de castas es para mantener eternamente en los cargos o para favorecer a colegas generalmente amigos, parientes o 'recomendados'

4.   SOLUCIONES PARA LA REALIDAD Y PRO-BLEMAS EN SALUD

Sistema amable y moderno de salud estatal del tercer milenio

4.1. Nuevos privilegios en salud para todos los bolivianos

Cada centro y hospital (del primer al cuarto nivel) del sistema de salud pública, contará con la base de datos del sistema de "Fichas y Colas Cero" que facilitará y agilizará la atención a los pacientes.

En todo el país ee implementará el sistema computarizado "Fichas y Colas Cero". Cada paciente ya no tendrá necesidad de ir a dormir a los hospitales o levantarse a las tres de la mañana para recabar una ficha, es decir se eliminarán las fichas.

Los pacientes para su valoración médica, una vez que se inscriban en la oficina virtual del *Centro Computarizado de Salud ("CCS"),* (esto por una sola vez), para obtener hora de atención médica, optarán por una de las siguientes modalidades: mediante Internet, teléfono o personalmente

↑ **Mediante Internet**

Debe entrar a la página WEB del CCS, buscar la sección correspondiente, donde después de introducir su código alfanumérico, se le asignará hora, día y lugar del centro de salud estatal para su consulta y/o atención médica.

↑ **Mediante teléfono**

Si el paciente ya está registrado en el "CCS" puede solicitar, mediante teléfono la hora, día y lugar para recibir atención médica.

↑ **Personalmente**

El paciente también puede ir directamente a la oficina física del "CCS" donde puede solicitar su reserva de lugar, fecha y hora para la respectiva atención médica.

En cualquiera de las tres modalidades, en caso de que no hubiera espacio para el lugar, la hora y/o el día solicitado por el paciente, se le ofrecerá la atención en otro horario y/o centro.

Ningún paciente podrá quedarse sin hora, fecha y atención médica. En palabras simples, en lugar de que el paciente se desespere en conseguir su reserva, el funcionario estatal se esforzará hasta conseguir la reserva para el paciente.

Una vez que el paciente recurra al centro de salud para su respectiva valoración médica, en caso de que en éste nivel no se diera solución al problema de salud del paciente, el médico tratante lo referirá al centro de salud del siguiente nivel, donde el especialista de rigor lo tratará y tras la respectiva valoración médica, definirá si el paciente retorna a su hogar o es referido a un centro de salud de nivel superior (tercero o cuarto nivel), o se le fija una nueva cita médica (para el nivel de origen).

4.2. Centro Computarizado de Salud

Todo el sistema de salud estatal contará con redes computarizadas para facilitar y agilizar la atención médica a los pacientes; para ello se creará el *Centro Computarizado de Salud* ("*CCS*") el cual, en directa coordinación obligatoria y permanente entre el Estado central y los gobiernos departamentales y municipales, se encargará de brindar las correspondientes prestaciones médicas a cada paciente de acuerdo al grado de su necesidad sea un simple malestar, una enfermedad grave o un inesperado accidente.

En los cuatro niveles de salud, tanto administrativos como médicos tendrán un código de acceso directo e inmediato al *CCS* y al sistema computarizado del centro de salud del lugar de su trabajo para cualquier consulta del historial clínico de cada uno de pacientes que tenga que atender (y cuando corresponda también podrá acceder a la ficha técnica social de los pacientes clasificados como los más "*vulnerables*" y "*desamparados*").

El médico (sea del primer, segundo, tercero o cuarto nivel), estará obligado a anotar (física y electrónicamente) los resultados de la valoración con los siguientes datos: breve resumen clínico, exámenes complementarios (con los resultados más relevantes de la especialidad requerida), diagnostico presuntivo, tratamiento, medicamentos recetados y otros y de acuerdo a la prestación requerida por la necesidad de salud del paciente, éste será referido al siguiente nivel.

Cada centro y hospital (del primer al cuarto nivel), tendrá una base interna de datos de los pacientes de su jurisdicción geográfica. Este sistema estará conectado al *CCS*, además será la herramienta útil para el personal administrativo y para los médicos locales para hacer el respectivo seguimiento y/o para tener acceso rápido al expediente médico del paciente que tengan que atender.

La transparencia y la modernidad ayudarán a desterrar la negligencia.

4.3. Unidad de Defensa, Ayuda y Orientación al Paciente (UDEAP)

Los pacientes que reciban mal trato administrativo y/o médico, podrán presentar sus quejas y/o denuncias al representante de *UDEAP* que se encontrará en cada unidad de salud estatal (de segundo a cuarto nivel), o directamente, mediante teléfono, Internet o personalmente al *Centro Computarizado de Salud*.

El "CCS", una vez que reciba la denuncia contra médicos, enfermeras y/o personal administrativo, de hospitales y centros de salud públicos o privados, registrará la denuncia en su banco de datos de quejas y/o denuncias sobre mal trato, mala atención médica, negligencia, etc. Dicha información será revisada por el *Comité UDEAP*. El Comité, cuando corresponda, solicitará a la MAE del centro de salud que al infractor se le entregue un memorándum sea de llamada de atención, suspensión o retiro de la institución del denunciado sea médico, enfermera y/o personal administrativo y si correspondiera iniciarle un proceso administrativo y/o remitirlo al Ministerio Público.

Se Se creará una base de datos de quejas y denuncias contra médicos, enfermeras, personal administrativo, etc. de hospitales y centros de salud públicos y privados, para que, cuando se inicien procesos administrativos, se tenga en cuenta los antecedentes del implicado.

PROTECCIÓN MÉDICA REAL PARA LOS MÁS POBRES
4.4. Atención médica inmediata en casos de emergencia

Para los casos de emergencia, toda unidad de salud estatal tiene la obligación de dar inmediata prioridad de atención médica al *solicitante de **atención médica de emergencia***. Para ello, se recurrirá a la "***Lista de prioridades en casos de emergencia***" (para saber si la dolencia, enfermedad, herida, etc., del paciente, o accidentado, herido, etc., es considerada como de "emergencia") y al "***Protocolo de asistencia médica de atención en casos de emergencia***".

El paciente y/o el acompañante, tendrá acceso libre y directo a la Lista de casos de emergencia para saber si debe ser tratado como "paciente de emergencia".

La Lista estará disponible y visible en todo centro de salud, como en las oficinas virtuales y físicas del "***CCS***".

Todo centro de salud privado (hospitales, clínicas, etc.) que tenga contratos con el Estado (gobierno central, departamental y/o municipal) tendrá la obligación de atender casos de emergencia en forma inmediata y gratuita y con la misma eficiencia y efectividad con que trata a pacientes particulares; de la misma manera a los pacientes que por emergencia sean referidos por el "***CCS***". Para evitar el mal uso de este privilegio, o una posible negligencia, habrá un estricto control a ambas partes (al paciente o a quien lo refiere, como al centro de salud privado).

La población podrá acceder a la lista de estos centros de salud privados en la página virtual del "***CCS***".

4.5. Atención médica global y gratuita a favor de los grupos vulnerables

Los enfermos calificados como *desamparados*, accidentados y enfermos graves que pertenezcan a los grupos sociales de *los más necesitados* (adultos mayores abandonados, migrantes sin hogar, niños de la calle, indigentes, alcohólicos, etc.) que no cuenten con un seguro social, ni médico (sometidos a un riguroso registro socio-económico) tendrán acceso universal, inmediato y gratuito a la salud integral (valoración médica, análisis de laboratorio, radiografías, medicamentos, etc.).

También podrán acceder a este beneficio los enfermos graves o los que sufran accidentes y que requieran atención especializada y/o intervenciones quirúrgicas, y que se encuentren en la misma situación socio-económica arriba mencionada

CONTROLES ESPECIALES

4.6. Controles en los centros de salud (Fedatarios de la Salud)

El nivel de atención y profesionalismo del personal médico-administrativo de los hospitales y centros de salud estatales, será igual o superior al de los mejores hospitales y clínicas del sector privado.

Capacitaremos absolutamente a todo el personal del sistema de salud estatal (centros de 1º a 4º nivel) para mejorar y elevar el nivel profesional en la atención administrativa y médica a los pacientes, sin importar el origen, estado social o económico de los mismos.

En todo el sistema de salud estatal, no permitiremos más favoritismos, ni privilegios para pacientes "recomendados", amigos y/o familiares.

Se implementará un estricto control en todo el sistema de salud, tanto estatales, como privados, para detectar negligencias, mal trato y mala atención a los pacientes por parte de los administrativos, médicos y/o enfermeras.

Los infractores, en especial si pertenecen al sistema estatal, serán sancionados administrativamente de acuerdo al grado de culpabilidad, sin perjuicio de presentar, si se diera el caso, querella ante el Ministerio Público.

Se Se creará un equipo de *"fedatarios de la salud incognitos"* que en cualquier momento, tal cual fueran simples pacientes, se presentarán en hospitales, centros de salud estatales y privados, y solicitaran atención y/o información médica.

Elevarán sus informes de atención/información administrativa y médica a la **UDEAP**. Dicha información, una vez procesada, será subida al banco de datos de la **UDEAP**.

Si hubiera un administrativo, enfermera y/o médico que hubiera infringido las normas respecto al trato y atención al paciente, se elevará el informe escrito en el día a la Unidad correspondiente para proceder con la respectiva sanción.

A todo empleado y funcionario de la salud se le hará conocer la existencia de los *detectives incognitos* y en cada oficina habrá un letrero de advertencia: "**Este paciente puede ser un fedatario de la salud, atiéndalo bien**".

4.7. Control de calidad y venta de medicamentos e insumos de salud

Para cuidar la salud de la población, se ejercerá un control directo y permanente en la adquisición, tenencia y uso de medicamentos e insumos de la salud en todo el sistema de salud estatal y privado.

Solamente las farmacias legalmente establecidas, podrán expender productos farmacéuticos. Los productos considerados de la línea de mejoramiento de la salud, de la estética, etc. se venderán en las farmacias, siempre que los mismos cuenten con el registro de rigor entregado por cada uno de los tres niveles del Estado (nacional, departamental y municipal).

Todo medio de difusión de publicidad (especialmente radio y televisión) para pasar avisos de venta de servicios y/o de productos para la salud, estética, mejoramiento y/o fortalecimiento del cuerpo, del rostro, de la mente, etc., obligatoriamente deben contar con la autorización de la "**Unidad de Defensa, Ayuda y Orientación al Paciente**" dependiente del Estado central.

La unidad de Control de Juegos, cesará en su control sobre temas de salud, estética y otros similares.

4.8. Creación de Colectividades de Voluntarios de la Salud Estatal (CoVoSE)

Las *CoVoSE* (conformado por universitarios de las carreras de la salud, y jóvenes, con vocación inherente a la salud, debida y profesionalmente entrenados), visitarán distritos y hospitales, barrios y centros de salud, para:

Detectar falencias de recursos humanos (médicos, enfermeras, etc.) y de infraestructura, de insumos, etc. en los centros de salud estatales.

Detectar necesidades médicas y de salud de la población.

Llevar a cada hogar los principios de vida saludable para tener una población sana.

Educar y orientar a los vecinos hacia estilos de vida y hábitos saludables, y la práctica de la medicina preventiva.

4.9. Creación de la Sociedad Tripartita de Salud Estatal y Privada

Conjuntamente con profesionales en Salud, representantes del Colegio Médico, representantes de salud del sector estatal y privado, representantes de la sociedad civil (periodistas, analistas, intelectuales y otros con conocimientos en salud estatal y privada, etc.) y representantes del Estado (nivel nacional, departamental y municipal) se creará la *Sociedad Tripartita de Salud Estatal y Privada* con la finalidad de crear políticas estatales en salud que beneficien tanto a los pacientes (estatales y privados) como a los profesionales y trabajadores en salud.

4.10. Becas de especialización para los profesionales de Salud

Los profesionales médicos (seniors y juniors) que demuestren méritos comprobables, documentales como probatorios (exámenes), de acuerdo al censo de necesidades de especialistas que se requieran para el sistema de salud estatal, serán becados a las mejores universidades del exterior.

4.11. Salarios privilegiados para los médicos y técnicos especialistas

Para evitar la *fuga* de profesionales en salud del sector estatal con especialidades médicas debidamente comprobadas, se crearán bonos económicos especiales que compensen satisfactoriamente a nuestros médicos y técnicos con especialidades requeridas en el sector de salud estatal.

5.   EDUCACIÓN: realidad, problemas y soluciones
Realidad y problemas actuales en Educación
LA DEFORMACIÓN EDUCATIVA

5.1. La educación y nuestra Constitución

*La Constitución Política del Estado (CPE), en sus artículos 9, 17, 77, 79, 80, 81, 82 y 96 señala: "Es responsabilidad del Estado, la **formación y capacitación docente** para el magisterio público, a través de escuelas superiores de formación. La formación de docentes será única, fiscal, gratuita, científica y productiva (…). Los docentes gozarán de un **salario digno**." "Toda persona tiene derecho a recibir educación en todos los niveles de manera **universal y gratuita** (…)." "La **educación fiscal es gratuita** en todos sus niveles hasta el superior."*

Los mandatos constitucionales sobre educación, indiscutiblemente son valorables, supremos y extraordinarios; sin embargo en la práctica los derechos de **acceso gratuito** a la educación pública universal para toda la población, no se la cumple. Por ejemplo millones de padres de familia, a pesar del pago anual a estudiantes del Bono Juancito Pinto (equivalente a 66 centavos por día o si quiere a cuatro bolivianos con cincuenta centavos por semana, y para los que no tienen calculadora y no conocen el valor del boliviano es el equivalente de nueve centavos de dólar/día) sufren en silencio porque a veces no tienen plata ni siquiera para pagar la matrícula o para comprar el material escolar, la vestimenta, el uniforme del colegio, el transporte, las multas o cuotas exigidas a los padres de familia, etc.

5.2. ¿Por qué la educación pública en la práctica no es gratuita[7]?

Porque en Bolivia al que apenas le alcanza para comer, lógicamente no tiene plata para hacer estudiar a sus hijos; de esta manera estudiar, en Bolivia, para las clases gobernadas, se ha convertido en sinónimo de sacrificios inútiles, excepto para los privilegiados de ciertos sectores elegidos deliberada y privilegiadamente por el partido en función de gobierno, dando cumplimiento parcial al Artículo 82 de la CPE.

En el actual sistema educativo, mandar a la escuela a un hijo

cuesta igual o más que alimentarlo.[8] Éste indicador económico nos induciría a pensar que la clase gobernante y la misma
reforma educativa buscan erradicar a futuros contestatarios del
sistema educativo, pues los del gobierno aplican la política del
desaliento, estimulando a los padres a no enviar a sus hijos
especialmente a los, colegios y universidades, ya que los del
actual gobierno (al igual que los anteriores) **quieren una sociedad** (estudiantil y universitaria) **controlada, adormecida y con-
formista**, y esto, según la filosofía educativa gubernamental, se
la obtendría manteniendo a los estudiantes al margen de las
materias que pudieran mejorar el intelecto de nuestros futuros
ciudadanos.

En conclusión: el actual sistema educativo, aparte de crear estudiantes consumidores de palabras escritas y verbales (falta de
creatividad y ausencia de razonamiento), busca **convertirse en
un mecanismo de reproducción de la ideología (deformada) del
gobierno**.

La educación tal como hoy es, sólo enseña a los alumnos a
obedecer y a repetir como loros amaestrados lo que el profesor
repite de memoria (el mejor ejemplo lo tenemos en las autoridades y asambleístas nacionales y municipales del oficialismo
que repiten frases hechas de acuerdo a su capacidad para que las
repitan como loros amaestrados). Lo que los profesores tienen
que enseñar es a que sus alumnos aprendan a pensar (implementación de la pedagogía de la liberación y no como lo hace actualmente el gobierno que aplica la pedagogía del sometimiento).

El gobierno debe saber que en cada estudiante boliviano que
aprenda a pensar, luego a razonar y, finalmente, a filosofar,
existe un estudiante potencialmente listo para ser un talento,
un genio o un sabio. La inteligencia del estudiante boliviano (y
del boliviano en general) es igual o superior a la de muchos ciudadanos de los países clasificados como los más desarrollados
del mundo; por consiguiente nuestros estudiantes lo que necesitan es que se les enseñe a pensar, a razonar, a filosofar, en palabras simples se debe revolucionar positivamente su cerebro, y
no alienarlo como actualmente lo hace el gobierno.

¿Cómo se puede reducir las diferencias de clase y las distancias sociales y las desigualdades políticas y económicas en el tema de educación entre ricos y pobres? ¿Cómo se puede mejorar y educar la inteligencia de los hijos de los gobernados que asisten a centros educativos públicos?

Mientras no se den respuestas concretas a los interrogantes expuestos, continuará el abismo intelectual y profesional, tanto entre los mismos residentes de la ciudad, como entre éstos y los del campo; lo peor, no tendrán acceso a la cultura, a su propia cultura y seguirán manifestando sentimientos que los hacen sentir, a veces, avergonzados de ser lo que son; y por el otro lado, los gobernantes, especialmente los de la rosca presidencial, para no tener rivales competentes en la carrera hacia el poder gubernamental, prefieren mantenerlos alejados de la educación de calidad.

Otro de los grandes problemas de la educación son los salarios bajos que perciben los educadores[9], por ello, aprovechando esta situación, los dueños de los colegios privados se llevan a los mejores profesores y éstos enseñan con calidad y eficiencia a los alumnos de los establecimientos privados porque son empleados mejor tratados que en el sector público. En este acápite el gobierno comete dos errores: 1) **no pagar lo que merece ganar un profesor** por la enorme responsabilidad social e intelectual que tiene porque el profesor es el que **forma** la **capacidad cognoscitiva y el desarrollo intelectual de los futuros ciudadanos** de Bolivia, y 2) permitir que el mejor elemento formado por el Estado (el profesor que es eficiente y que se supera constantemente, emigre a colegios privados y éstos no le devuelvan nada al Estado.

5.3. Sistema educativo estatal de bajo nivel

La lista de los defectos de las políticas educativas del gobierno que es total y temáticamente ajena a las necesidades y modernidad del Tercer Milenio, es demasiado extensa, sólo vamos a mencionar algunas de ellas:

☐ mala formación estatal de los profesores;

☐   salarios muy bajos de los profesores;

☐   unidades educativas estatales desiguales;

☐   acceso a la educación estatal con enormes costos para los padres de familia;

☐   pésima distribución de alumnos por aula, establecimiento y área geográfica; etc.

5.4. Mala formación estatal de los profesores

Los mandatos constitucionales sobre educación, son extraordinarios, valiosos y supremos; sin embargo en la práctica, el gobierno, los ha banalizado al extremo de que los estudiantes bolivianos son los que reciben las calificaciones más bajas del continente de acuerdo a estándares mundiales de la Prueba Internacional de Suficiencia Académica (PISA).

Y no sólo esta lamentable verdad, sino que en todo este (falso) contrato social del gobierno con los docentes, estudiantes, universitarios y padres de familia, es una mentira más y parte del discurso electoralista del gobierno, que, al estar constantemente en campaña electoral, recurre al permanente engaño y a repetir diariamente falsas promesas.

5.5. Acceso a la educación con enormes costos para los padres de familia

Los derechos de **acceso gratuito** y universal a la educación pública para toda la población, **no se cumplen**; y el gobierno del MAS nunca se ha interesado en cumplir.

Millones de padres de familia saben que hacer estudiar a sus hijos, es una especie de invertir en un boleto de lotería que apenas les puede garantizar un premio consuelo: que sus hijos terminen la escuela o, con mucha suerte el bachillerato y, con extraordinaria fortuna, la universidad. Incluso una vez profesionales, no hay fuentes de trabajo para los recién titulados.

Hay familias que, a veces no tienen dinero ni siquiera para pagar la **matrícula** que, en teoría es gratuita, pero en la práctica tiene un precio impuesto por el contubernio entre la dirección de la unidad educativa y los representantes de los padres de familia, quienes sacan plata diciendo "es *para la agenda del estudiante"*, *"para* la *tarjeta de control de asistencia de los padres de familia"*, *"para hacer "reparaciones" en la escuela", "para esto y para aquello, etc.*).

Después viene la ***"lista de material escolar"***, el uniforme del colegio, el uniforme deportivo, lo de la banda. A este bagaje de gastos se le debe agregar, la vestimenta, el transporte, el recreo, y los ya conocidos pagos de "multas" (por inasistencia a las reuniones), las famosas cuotas obligatorias (para fletar trajes de bailes, para la kermesse, para pagar al profesor –o portero- que no tiene ítem, para la refacción del aula, para la limpieza del colegio, para el cumpleaños del director, etc.).

Durante nuestras encuestas, una madre de familia, de manera natural, sin necesidad de dramatizar nos dijo: ***Mandar a la escuela a mis hijos me cuesta igual o más que alimentarlos***".

Éste indicador socio-económico nos induce a confirmar que la tristemente famosa *reforma educativa* (política educativa del gobierno) aparte de destruir los valores morales y éticos de los estudiantes, nos demuestra que el MAS quiere una sociedad estudiantil y universitaria **oveja, adormecida y mal formada; es decir sin pensamientos ni razonamientos propios.**

5.6. Salarios bajos de los profesores

Mientras mantengamos el actual sistema educativo impuesto por el actual gobierno; mientras tengamos autoridades mediocres que dirijan la educación en Bolivia, mientras nuestros profesores sean tratados como trabajadores de última categoría y perciban salarios muy bajos para la enorme responsabilidad que tienen, **seguiremos teniendo un sistema educativo de muy bajo y pobre nivel.**

Los profesores, debido a los salarios bajos que perciben, se ven obligados a emigrar al sector privado; o buscar una segunda fuente de ingreso como taxista, pintor, albañil, electricista, comerciante, etc., lo cual les impide actualizarse, mejorar sus conocimientos pedagógicos, incrementar su vocación de **enseñante, orientador, formador y educador, tetralogía ideal para**

tener estudiantes, universitarios y profesionales de alto nivel. El profesor diariamente tiene la enorme responsabilidad pedagógica, social e intelectual de formar el desarrollo intelectual y aumentar y/o mejorar la capacidad cognoscitiva de los futuros ciudadanos de Bolivia, por lo tanto merece un **salario digno y de nivel profesional**. No **pagarle lo que merece no sólo es una absurda estupidez, sino es un crimen contra nuestras actuales y futuras generaciones.**

Finalmente, el presupuesto de Educación está por debajo de los montos que el gobierno entrega a ministerios inútiles y zánganos. Hablamos del Ministerio de la Presidencia, Ministerio de Comunicación, etc., ministerios que gastan millones de dólares para engordar la vanidad del presidente y, por supuesto, llevarse a sus bolsillos gran parte de ese presupuesto.

Por eso la competitividad individual y/o colectiva de nuestros estudiantes, es inferior a la de los peores y más atrasados estudiantes del mundo, ya que carecen de variados y diferentes elementos, insumos y recursos humanos que el gobierno en trece años nunca les dio.

5.7. Desprestigio gubernamental de la educación

¿Qué podemos esperar del Gobierno en materia de educación si el propio presidente del Estado Plurinacional desprestigia a la educación?

☐　Públicamente Evo Morales dice que *pasó de curso regalando una oveja*, y lo ratifica contando que su padre sobornó regalando una oveja al director para que pasara de curso.

☐　Luego nos dice que agradece no haber ido a la universidad (ya que sin haber ido a la universidad), y es presidente de Bolivia.

Hablamos de proceso de cambio, hablamos de revolucionar la educación, pero no hay resultados, lo que hay son más problemas, más alumnos mediocres y menos talentos y genios estudiantiles.

En lugar de buscar imponer obligaciones que crean problemas, empantanándose en caprichos personales, hay que crear laboratorios para alumnos y profesores que tengan el don de la genialidad, que cuenten con el talento de hacer prodigios educativos o que tengan vocación para aplicar la revolución educativa evolutiva en trabajos diarios y permanentes, para estudiantes y profesores que puedan encontrar fórmulas y formas para simplificar los sistemas de enseñanza, por ejemplo la teorización explicativa de las ciencias exactas (aritmética, matemática, física, etc.), de tal manera que formemos futuros y grandes científicos, lo mismo podría hacerse en el campo de la literatura, filosofía, porque estoy seguro, en Bolivia tenemos grandes talentos que fácilmente el día de mañana podrían ganar un premio Nobel. Cambiemos aquella educación, en la que al estudiante le enseñan a soportar todo tipo de penurias, donde le enseñan a sufrir en silencio todas las frustraciones y donde le enseñan a creer que ha nacido pobre, por lo tanto debe vivir ignorante para morir en la gloria de la miseria (*el reino de Dios será de los pobres de Bolivia*).

Si seguimos así, en el bicentenario de la independencia de nuestra patria hoy cautiva en su democracia y en sus libertades, especialmente pedagógicas, los educadores seguirán deambulando por las rutas de la enseñanza mediocre, y si no fuera mediocre podría ser inútil; y de esta manera el gobierno de turno se pasará explicando el porqué del fracaso de sus reformas educativas que no cuentan con los factores determinantes como ser identidad y mentalidad, capacidad y talentos de los estudiantes de todos los niveles educativos y sociales; realidad y necesidades de Bolivia y de los bolivianos respecto a qué clase de profesionales requiere nuestro país; en qué campos debería forjar a futuros genios, sabios y científicos.

5.8. Universidades estatales

Entre las instituciones estatales que gozan de plena autonomía se encuentran las universidades públicas. Conforme al artículo 92 de la CPE *la autonomía consiste en la libre administración de sus recursos* (económicos, humanos, técnicos) (...) *Las universidades públicas establecerán mecanismos de rendición de cuentas y transparencia en el uso de sus recursos.*

Las universidades públicas para su funcionamiento reciben recursos económicos suficientes y del Estado (gobierno central, departamental, municipal, y también están autorizadas a generar recursos propios y a recibir o gestionar donaciones).

La potestad de manejarse mediante normas y órganos propios en la administración de sus recursos, se ha convertido en la condición de no depender de control externo a la universidad; de nadie externo; es decir los grupos organizados (federaciones) de rectores, docentes y universitarios, anteponiendo el recurso constitucional más allá de los límites establecidos, no permiten que nadie los fiscalice, y sus mecanismos de rendición de cuentas y transparencia sólo los conocen los miembros de sus respectivas directivas; al respecto, casi siempre existe un acuerdo, por lo general, oculto y silencioso, pero cómplice, entre los dirigentes tanto de docentes y estudiantes, como de administrativos.

Mientras no se *toque* la autonomía universitaria (no se intervenga en auditorías externas que muestren los grados de corrupción que existe al interior de las universidades) a los de la universidad (docentes, estudiantes y administrativos, especialmente del rectorado, Consejo Facultativo, Federación Universitaria Docente, Federación Universitaria Local) les da igual que el gobierno sea de izquierda, derecha o centro; tampoco les interesa que sea dictatorial o democrático, sea honesto o corrupto, mientras reciban dinero subvencionado del Estado y les permitan hacer uso discrecional de los dineros universitarios, ellos siempre estarán del brazo, aunque muy discretamente, con el gobierno de turno.

El gobierno se ve obligado a financiar a las universidades, pero no lo hace para el desarrollo social y humano de los universitarios, tampoco para el mejoramiento de calidad y eficiencia de los futuros profesionales, sino para neutralizar las huelgas, marchas y exigencias de los universitarios, y para contar con el apoyo político de los docentes y también de los estudiantes.

Más que existir una clase de autoridades universitarias que dediquen su tiempo y profesionalismo al mejoramiento científico, técnico y humano de las universidades y de los universitarios, se ha creado una casta universitaria que tiene el control de los recursos económicos que maneja la universidad y que, cuando estallan actos de corrupción como la venta de notas, acosos sexuales, etc., los de la casta ayudan a encubrir los mismos.

Y la casta universitaria, con cada gobierno, negocia nuevos incrementos y nuevos privilegios para favorecerse a sí mismos, y muy poco a los universitarios, y menos al Estado. Lo mismo pasa con las federaciones de universitarios (la FUL), cuyos dirigentes se eternizan como estudiantes (se quedan en un mismo curso varios años totalizando una carrea universitaria de 10, 15 hasta 25 años, y cuando la norma les impide seguir en la misma carrera, se cambian a otra facultad) para hacer de la dirigencia universitaria una carrera profesional, aunque ilícita, pero carrera al final, por supuesto que hay dirigentes (docentes, estudiantiles y administrativos) que defienden y luchan por sus bases de manera quijotesca y honesta, pero esos son pocos y duran también poco.

Las universidades públicas en lugar de ser instituciones para formar y capacitar técnicos y profesionales mediante el conocimiento científico-tecnológico con potestad reconocida para otorgar grados académicos, han mezclado su primera función con la actividad político-económica. Las universidades públicas, al igual que la mayoría de las instituciones estatales, tienen un alto porcentaje de denuncias de corrupción que muy pocas veces son investigadas; y si se investigan casi nunca se llega a un fallo normativo final que sancione a los culpables.

**6.   SOLUCIONES PARA LA REALIDAD Y PRO-
BLEMAS EN EDUCACIÓN**
SISTEMA EDUCATIVO ESTATAL DE ALTO NIVEL

6.1. Nueva formación, nueva mentalidad, igual profesionales de la educación de alto nivel

Las normales, serán reestructuradas para que se estén al mismo o por encima del nivel de las mejores universidades de Bolivia. Cada postulante a las diversas facultades normalistas (ciencias exactas, ciencias sociales, carreras técnicas, etc.), de forma gratuita, se someterán al hayan aprobado el test de vocación pedagógica; una vez aprobado dicho test, pasarán cursos de preparación de alto contenido pedagógico. Sólo podrán inscribirse a estos cursos los bachilleres que hayan obtenido las mejores notas los tres últimos años de secundaria a nivel de estatales y privados. Una vez que hayan aprobado aquéllos cursos, darán su examen de ingreso. Todos los exámenes serán aleatorios y encriptados en el sistema computacional, de tal modo que ni los examinadores ni los postulantes podrán tener acceso directo o indirecto al banco de preguntas, excepto el día del examen y sólo podrán acceder los postulantes.

En palabras simples, sólo los estudiantes que hayan obtenido las mejores calificaciones podrán ingresar a los centros superiores de formación pedagógica para cualquiera de los tres niveles: preescolar, primaria y secundaria.

Elegir la carrera de profesor, ya no será la última opción (donde van los que quieren asegurarse un puestito de maestro o profesor). Ser profesor será un privilegio profesional con mucho honor y un excelente salario.

Los educadores bolivianos, una vez titulados e inscritos en el Ministerio de Educación y allá donde por norma legal corresponda, automáticamente serán designados para trabajar en una unidad educativa estatal.

6.2. Implementación de materias transversales para mejorar la calidad intelectual y personal de nuestros alumnos

En la malla curricular, desde la perspectiva de razonamiento socio-familiar, se incrementarán las materias transversales de psicología y siquiatría social y familiar para el potenciamiento personal de los estudiantes.

El Estado implementará Unidades Educativas Móviles para dictar cursos teórico-prácticos sobre educación en seguridad ciudadana (prevención ante el tráfico y/o consumo de drogas, ante el peligro de secuestros, trata de blancas, tráfico de órganos), seguridad vial, tráfico peatonal y vehicular, etc.

6.3. Creación de la Sociedad Tripartita de Educación Estatal y Privada

Conjuntamente con profesionales de la educación estatal y privada (profesores, académicos y otros expertos), representantes del Magisterio, representantes públicos del sector de Educación (Gobierno central, departamental y municipal), representantes de la sociedad civil (periodistas, analistas, intelectuales y otros con conocimientos e iniciativas en educación estatal y privada) se creará la *Sociedad Tripartita de Educación Estatal y Privada* con la finalidad de hacer de la Educación una permanente, moderna, científica y tecnológica Política estatal.

6.4. Creación del Viceministerio de Ciencia y Tecnología

Debido a la proyección real de lo que es y debe ser el comportamiento educativo del Tercer Milenio en cuanto respecta a educación científica y tecnológica, se creará el Viceministerio de Ciencia y Tecnología; de esta manera, Bolivia, mediante convenios internacionales, alcanzará el nivel de desarrollo de la educación de los países considerados los mejores del mundo en cuanto se refiere a desarrollo educativo científico y tecnológico.

6.5. Modernos insumos electrónicos en la educación estatal

Cada unidad educativa estatal de secundaria contará con pizarras electrónicas a las cuales, mediante software especial distribuido gratuitamente a los estudiantes, éstos podrán conectarse mediante sus laptops, computadores y/o celulares, para que todo el material teórico que use el educador, sea transferido al estudiante; también servirán para clases presenciales en caso de impedimento para los estudiantes (invalidez, enfermedad, resfríos, etc.).

En las unidades educativas de ciclo secundario, aparte de adecuar aulas tipo High School, las **Unidades móviles de preparación pre universitaria** darán clases trasversales de nivel superior, de esta manera los estudiantes de la promoción, según la elección de su futura carrera, tengan conocimientos reales sobre cómo funciona el sistema educativo universitario y se ambienten rápidamente al mismo una vez que estén en la universidad.

EDUCACIÓN ESTATAL IGUALITARIA

6.6. **Unidades educativas estatales iguales**

El *Nuevo Sistema Educativo Estatal* (**NuSEE**) dará prioridad a la igualdad de calidad de enseñanza en todos los establecimientos educativos estatales, con rotación de directores, profesores y personal administrativo. No se permitirá la eternización del "poder pedagógico", ya que este comportamiento, le hace mucho daño tanto a los estudiantes y padres de familia, como a los mismos profesores y por extensión al Estado y al futuro de Bolivia; pues dicha conducta (la de eternizarse en el cargo y en el mismo lugar) expone a que muchos, quizás millones de estudiantes, tengan una formación deficiente, a veces mediocre; además de que se forman estudiantes de diferentes niveles educativos e intelectuales. Nunca más debemos discriminar a nuestros estudiantes. Todos nuestros niños, adolescentes y jóvenes tienen que gozar de sus derechos de forma igualitaria.

El nuevo sistema estatal no puede permitir que hayan educadores de "primera" o de "segunda", y unidades educativas de buena o de mala calidad. Todos, profesores, administrativos y alumnos, serán iguales en el *NuSEE*.

6.7. **Redistribución máxima/mínima de alumnos por aula, establecimiento y área geográfica (los tres niveles).**

Se hará una nueva redistribución máxima/ mínima de cantidad de alumnos por aula, establecimiento y área geográfica. Nunca más sobrepoblación o reducción de alumnos en aulas.

SISTEMA EDUCATIVO ESTATAL REALMENTE GRATUITO

6.8. Creación de Imprentas Estatales para entrega gratuita de material educativo (primaria y secundaria)

Creación del *Departamento de imprentas escolares* (**DEIE**) donde editaremos agendas escolares, cuadernos y libros, los que serán distribuidos gratuitamente a todos los estudiantes del sistema educativo estatal.

Seremos exigente en cuanto se refiere a la excelencia pedagógica de los textos educativos, en su forma y contenido. Los textos, deberán ser originales, didácticos, cualitativos y de alta calidad. Sus autores deberán garantizar que los textos son inéditos y que no tienen contenido plagiado, etc. Para la respectiva verificación el *DEIE* hará las investigaciones que aconsejen el caso. Cualquier tipo de plagio será sancionado de acuerdo a Ley.

6.9. Uniformes gratuitos para todos los alumnos estatales de primaria

En coordinación con los gobiernos autónomos, a cada estudiante de primaria del sistema educativo estatal se le entregará su respectivo uniforme escolar, con los distintivos de la escuela, los cuales deben ser aprobados por el Ministerio de Educación.

Los uniformes serán confeccionados por micro y pequeñas, a las cuales se les otorgará ventajas, como ser mejoramiento en el trato tributario, créditos (o adelantos) para la adquisición de material y máquinas de confección de última generación, etc.

Nuevos privilegios para los profesores del sector estatal

6.10. Salario digno e igual al de los profesionales del sector estatal más sus bonos mensuales

Todos los profesores contarán con bonos económicos especiales y premios a iniciativas pedagógicas, elucubración de textos educativos, concepción de nuevos sistemas para el mejoramiento de la educación estatal, respetando el respectivo escalafón y la categoría, además tendrán un salario igual o superior al de profesionales de otros rubros que trabajan en el Estado.

6.11. Bono anual de 15.000, 20.000 y 25.000 bolivianos respectivamente para los profesores del sistema educativo estatal.

Como premio al esfuerzo anual cada profesor del sistema estatal de pre-básico, primaria y secundaria, para que tenga unas vacaciones de fin de año bien merecidas, recibirá en noviembre/diciembre un bono anual de **15.000, 22.000 y 30.000** bolivianos, respectivamente.

6.12. Incremento global y permanente del presupuesto para Educación

El Presupuesto General para el sector de Educación, será incrementado de acuerdo a las necesidades y exigencias que se tengan para mejorar la calidad de la educación en toda Bolivia; de este modo el sistema educativo estatal y privado de Bolivia, será uno de los mejores de Latinoamérica poniéndose por encima de los estándares internacionales; por lo tanto estudiar en Bolivia será un privilegio educativo.

Se aumentará los salarios para los profesores, y la carrera de normalista será una de las más apetecidas por los futuros bachilleres, no sólo del sector público, sino también del privado, de este modo, el sistema educativo estatal de Bolivia será una de las plazas laborales ambicionadas por los mejores profesionales de Bolivia.

6.13. Premios e incentivos a la creación de textos pedagógicos

A manera de incentivo y estímulo a la creación de libros pedagógicos, cada profesor que elucubre un texto y que el mismo sea aprobado por la autoridad correspondiente, previo pago a sus derechos de autor, será impreso en las imprentas estatales para su entrega a los estudiantes del sistema educativo estatal de forma gratuita.

Los autores aparte de la retribución económica correspondiente, tendrá el privilegio de ver su nombre en la *"Nomina de Notables de la Educación"*.

6.14. Estímulos y premios a las iniciativas científicas y tecnológicas de profesores (y estudiantes).

Profesores (individual y/o colectivamente) y estudiantes (con o sin asistencia de sus profesores) que exploren nuevas tecnologías, que realicen inventos y/o encuentren nuevos descubrimientos, nuevas tendencias científicas, que puedan crear aplicaciones de software, etc., recibirán becas económicas para sus investigaciones, y toda la ayuda económica e intelectual necesaria para registrar y/o patentar sus inventos, descubrimientos, creaciones, etc.; además formarán parte de la *"Academia Estudiantil Estatal de Ciencia y Tecnología"*.

Los estudiantes de secundaria podrán desarrollar, en forma gratuita, sus capacidades técnicas y/o científicas en los *Centros de Especialización en cibernética, robótica y Celulares*.

6.15. Seguridad física y cuidado de la salud e higiene en las unidades educativas estatales

Todos los establecimientos educativos estatales tendrán guardias de seguridad permanentes, especialmente en el sistema primario.

Para resguardar la salud de los alumnos, en cada establecimiento educativo se exigirá que el mantenimiento permanente de la higiene y limpieza del establecimiento y en particular de los baños destinados a los alumnos, sea permanente y de alta calidad.

6.16. Trabajo directo a los profesionales titulados en las universidades estatales con mención de honor y con altas calificaciones

Los profesionales titulados de las universidades estatales que hayan obtenido las mejores calificaciones en los últimos tres años, serán contratados directamente y de manera obligatoria por el Estado en los tres niveles gubernamentales (nacional, departamental y municipal), en porcentajes de acuerdo a sus presupuestos e ítems existentes para profesionales. Para implementar esta medida estatal coordinaremos con los gobiernos autónomos y con el TGN para que se destine una partida especial al respecto.

El porcentaje de nuevos profesionales a ser contratados, será determinado por la "*Unidad de Contrataciones Estatales de nuevos profesionales*", constituida por representantes de los tres niveles gubernamentales de Bolivia.

Para que los flamantes profesionales, adquieran la experiencia necesaria y cuenten con un certificado que avalúe dicha experiencia, además de tener una fuente de trabajo, los contratos serán de un año como mínimo y de dos como máximo.

6.17. Premios a las iniciativas estatales, científicas y/o tecnológicas de docentes y/o universitarios

Docentes y universitarios que exploren nuevas tecnologías, nuevas tendencias científicas, filosóficas, ideológicas, sociales, etc. recibirán becas económicas para desarrollar sus investigaciones a favor del Estado, además formarán parte de la *Academia Estatal de Ciencia y Tecnología* o de la *Academia Estatal de Ciencias sociales, políticas y filosóficas.*

Todas las universidades (estatales y privadas) obligatoriamente deben agregar a su malla curricular materias transversales de Primeros Auxilios, Educación y Seguridad Vial, Seguridad Ciudadana, tanto para su uso personal como para ayudar a la sociedad boliviana.

6.18. Préstamos para estudios universitarios

Todo bachiller (o universitario) que quiera profesionalizarse en las universidades estatales (y en universidades privadas que hayan sido aprobadas por el *Instituto de Prestamos Educacionales para Estudiantes y universitarios* ("INPREUN"), podrá presentar su solicitud de préstamo al **INPREUN**, sin más garantía que la firma de un contrato de devolución total del dinero prestado que empezar a pagarlo una vez que trabaje. Para no afectar su economía podrá elegir tres modalidades de pago: 20%, 30% o 50% del total de su salario líquido.

Exigencias: durante el periodo de estudios, aprobar todas las materias en el año académico, titularse y trabajar.

En caso de abandono de los estudios por causas forzadas e ineludibles, el beneficiario tendrá que devolver todo el dinero adeudado a la fecha de abandono de estudios; se exceptúan cuando el abandono es por causas extraordinarias: accidente, enfermedad, etc.

6.19. **Control estricto en los exámenes de ingreso a la universidad**

Las inscripciones para dar exámenes de admisión a las universidades, academias e institutos estatales serán completamente gratuitas. Una vez que el postulante haya aprobado, recién pagará los costos de matriculación.

El sistema de exámenes de admisión debe ser aprobado por el Ministerio de Educación.

Todo postulante que intente pagar o pague para asegurarse el ingreso, no sólo será descalificado para cualquier otro examen en todo el sistema universitario estatal, sino será remitido al Ministerio Público para ser procesado penalmente; de la misma manera se procederá con docentes y administrativos, como con ayudantes de cátedra y universitarios que, mediante coimas, favores, recomendaciones, etc. ayuden a los postulantes facilitándoles y/o asegurándoles la aprobación del examen de ingreso a la universidad.

ELEVANDO EL DEPORTE BOLIVIANO A NIVEL INTERNACIONAL

6.20. **Apoyo universal a los mejores deportistas bolivianos**

Todo aquel deportista que tenga potencialidades, iniciativas y tenga el corazón patriótico y la mente de ganador y ame a Bolivia, además esté dispuesto a vencer las marcas nacionales y alcanzar las de nivel internacional, para así estar junto a los mejores deportistas del mundo, **tendrá tratos privilegiados en lo deportivo y económico**.

Todos los deportistas (de 6 a 12; de 13 a 18, y de 19 hacia adelante) que sean seleccionados por sus entrenadores (respetando los principios de imparcialidad y desterrando los defectos de favoritismos e interés personal o económico), o sean detectados por la Comisión de Estrategia Deportivas, **serán becados** a los *Laboratorios Científicos y Centros Tecnológicos Deportivos* donde podrán desarrollar sus potencialidades deportivas de tal manera que, los que se destaquen (venciendo las marcas nacionales) serán enviados al exterior para así alcanzar y/o vencer marcas internacionales.

Los deportistas, que representen a Bolivia y/o a su región, en eventos nacionales e internacionales, nunca más pagarán de su bolsillo. El Estado se encargará de todos los gastos e insumos para su preparación física y psicológica, para sus viajes, estadías, uniformes, etc.

6.21. **Estructuras del tercer milenio para el deporte**

Todos los deportes tendrán sus respectivas infraestructuras, además de recursos humanos, técnicos y económicos. Los entrenadores con el objetivo de que sus entrenados, alcancen y/o venzan las marcas internacionales, recibirán becas para especializarse en su área, de esta manera, los entrenadores garantizarán un entrenamiento moderno, eficaz y práctico, dando una formación deportiva de nivel internacional a nuestros estudiantes, jóvenes y señoritas, como también a los deportistas amateurs y profesionales.

Dirigente, autoridad y/o entrenador deportivo que discrimine a cualquier deportista, para favorecer a otros deportistas, a sola denuncia y presentación de pruebas, será procesado por daño deportivo. No más privilegios ni padrinazgos para deportistas "favoritos", "recomendados", o amigos y/o familiares.

6.22. **Fútbol pasión de los bolivianos.**

Los jugadores bolivianos que sean convocados para defender los colores de nuestra selección, y se destaquen, en base a disciplina y amor, demostrando en la cancha el poder de su pundonor deportivo (defender los colores de la Patria con esfuerzo, pasión y valor inagotables), aparte de entrar a la *Galería de Honor Nacio-*

nal, recibirán medallas de honor nacional y un bono económico de por vida. El cuerpo técnico de la selección tendrá el mismo tratamiento de beneficios y honores.

Los dirigentes, que den lo mejor de sí a favor de nuestra selección, se harán acreedores a premios especiales (formar parte de la *Galería de Honor Nacional*), recibir condecoraciones, etc.

Primero la selección de Bolivia antes que los intereses personales.

6.23. Ajedrez, el deporte ciencia y el poder de la mente

Aparte de brindar todo el apoyo y el fomento necesarios a los aficionados y profesionales del deporte ciencia (el **ajedrez**), daremos especial apoyo a los profesores y a los maestros de ajedrez quienes, contratados por el Estado, harán del ajedrez un deporte de ciencia educativa para los estudiantes de primaria y secundaria. La enseñanza del deporte ciencia será implementado como materia transversal en todas las unidades educativas estatales del país, de esta manera nuestros estudiantes no sólo desarrollarán su capacidad mental, sino que aprenderá las estrategias del razonamiento que le ayudará tanto en su vida estudiantil, como en su accionar social y, posteriormente, profesional.

7. SOCIAL, realidad, problemas y soluciones
Realidad y problemas Sociales
7.1. ¿Por qué se ha incrementado la tasa de criminalidad en Bolivia durante el periodo 2006-2019?

Según los mandatos de nuestra Constitución, *el Estado tiene la obligación de proteger a todos los bolivianos*; pero el gobierno se encarga de que no sea así, ya que no sólo deja de protegernos, sino que nos expone a toda suerte de peligros derivados de la criminalidad que va en aumento cada día que pasa.

Los: asaltos, robos, violaciones, drogadicciones y otras decenas más de delitos, que más de las veces terminan en crímenes que cotidianamente vemos en los informativos de la prensa televisiva, radial y escrita que a veces hasta con crudeza y sensacionalismo nos hablan de los feminicidios, infanticidios, parricidios, etc., aparte de otros asesinatos por robo, asaltos, ajuste de cuentas relacionados al narcotráfico, etc.,, todo esto debido a que el gobierno, por la complicidad de fiscales, jueces, policías y autoridades gubernamentales vinculadas sea con la delincuencia, sea con la corrupción, no sólo permitirían, sino que alentarían a que aumente la tasa de criminalidad en nuestro país, tanto la cometida por nuestros connacionales, como por los extranjeros que a diario siguen invadiendo nuestro país e imponiendo costumbres priopias del hampa y la mafia internacional.

7.2. Factores del aumento de la criminalidad

Son varios los factores de aumento de la criminalidad, entre los mismos podemos señalar la relajación de los principios y valores de orden social, moral y religioso, como judicial, político y gubernamental; pero sobremanera la falta de presencia del Estado y el corrupto comportamiento de los responsables de la justicia respecto a los criminales..

En lo que respecta a las autoridades y funcionarios del Ministerio Público y del Órgano Judicial (fiscales y jueces) por el simple hecho de estar "asociados" al gobierno, una gran parte de ellos, sea individualmente o mediante consorcios, se han vinculado a la corrupción, extorsión, prevaricato, chantaje, narcotráfico, etc.

Por su parte, nuestra institución policial ha perdido su misión Constitucional: **defender a la sociedad y conservar el orden público dando cumplimiento a las leyes en todo el territorio boliviano**; es decir, la Policía, aparte de verse involucrada en "sociedades" con gente criminal (narcotraficantes, asaltantes, etc.) en lugar de combatir al crimen en sus diferentes formas y lugares, combate a los que el gobierno le ordena combatir (apaleamientos, gasificaciones y violencia contra marchistas, huelguistas y bloqueadores) causando muchas veces heridos y muertos.

En el lado oscuro de la tenebrosa sociedad del crimen, especialmente del organizado, tenemos la presencia activa de delincuentes internacionales vinculados a la trata de blancas, al tráfico de órganos, al narcotráfico (tragones, mulas y 'lobistas'), éstos últimos dedicados a generar contactos para "asociar" por un lado a empresarios y banqueros (*lavado* de dinero), y por el otro, a policías, militares, fiscales, jueces y abogados, incluso a altos funcionarios estatales. (Vea el Anexo "**El peligroso círculo de la coca-cocaína**").

La presencia en Bolivia de estos indeseables, particularmente relacionados con la producción, comercialización (exportación) de cocaína y mariguana, es ampliamente conocida por la prensa y la sociedad informada de Bolivia y, evidentemente, por el mismo gobierno.

La prensa constantemente informa sobre el accionar de los narcotraficantes (micro y macro, nacionales y extranjeros). Accionar sumamente peligroso, porque los narcotraficantes, aparte de dedicarse al tráfico de la droga, se vinculan a toda clase de crímenes.

La inseguridad ciudadana derivada del narcotráfico es uno y el principal tipo de cáncer con el que está infectado gran parte del cuerpo estatal y que se ha incrustado profundamente en el organismo gubernamental, jurídico y policial, razón por lo que a diario la prensa, los especialistas denuncian que las autoridades llamadas por Ley, permiten que se dilaten los procesos judiciales y/o de investigación, o alteren las pruebas, evidencias, muestras, o hagan desaparecer los cuadernos de investigación, etc., para proteger o dejar en la impunidad a personas vinculadas al narcotráfico quienes hayan sido denunciados y/o detenidos por asesinatos, asaltos, ajustes de cuentan, lavado de dinero, etc.

7.3. Producción y consumo de coca

Evo Morales, mediante Ley, ha legalizado la producción de coca excedentaria e ilegal con el pretexto de las supuestas necesidades de consumo tradicional de coca que en la práctica no llega al 20 por ciento del total de coca que se produce en Bolivia.

El gobierno de Evo Morales se opone a realizar un censo sobre el consumo de la hoja de coca como producto tradicional; además está hartamente demostrado que la coca que se produce en el Chapare (más de diez mil hectáreas) no sirve para el consumo tradicional (acullico, mates y como medicina), por lo tanto la coca del Chapare se destina a la producción de la cocaína, realidad que sería reconocida por el mismo gobierno. Evo Morales, oficialmente admite (lo mismo que los informes de las Naciones Unidas) que entre el 35% a 40% de la coca que se produce en Bolivia, se destina al narcotráfico. De este porcentaje, el 90 por ciento corresponde al Chapare.

Los mismos productores de coca del Chapare, para su consumo personal, compran coca de los Yungas de La Paz.

Autoridades municipales del Chapare (Cochabamba), prohibieron la venta de coca de los Yungas de La Paz, que es la única coca que consumen los lugareños, entre los que se encuentran los mismos productores de... coca.

Lo descrito nos confirma que la coca del Chapare no sirve para el consumo humano, pero si es ideal para la producción de cocaína.

7.4. Producción y consumo de cocaína

La política gubernamental del actual gobierno sobre la producción ilegal de la coca y de la cocaína, se destaca a nivel nacional e internacional, porque tanto los cultivos excedentarios de coca, como la producción de cocaína, crecen geométricamente.

De la misma manera como aumenta la producción de cocaína, aumenta el número de adictos a la cocaína y mariguana. El consumo local de droga (cocaína y/o mariguana), en sus diferentes formas, se extiende a bares y escuelas; a oficinas y centros mineros, a calles y carreteras, a kioscos y mercados.

Desde que el presidente Morales está en el poder, las plantaciones ilegales de coca se han multiplicado, subiendo en más del 500%.

La política gubernamental del MAS sobre la producción ilegal de la coca y de la cocaína, se destaca a nivel nacional e internacional, porque tanto los cultivos excedentarios de coca, como la producción de cocaína, crecen geométricamente.

Desde que el presidente Morales está en el poder, las plantaciones ilegales de coca se han multiplicado, subiendo entre el año 2006 a enero 2018 en más del 450%, según informes de las NN.UU.

El gobierno de Evo Morales, en la supuesta lucha contra el flagelo del narcotráfico entre una de sus principales medidas, expulsó a la DEA (Departamento de Lucha contra la Droga de los EE.UU.). Esta decisión no es más que una réplica de lo que hace Hugo Chávez en Venezuela el 2006 para que nadie controle la ruta de la droga de ese entonces (Perú-Colombia-Venezuela-Cuba). Morales, al imitar la medida de Chávez, también el 2006, fomentaría el tráfico de la cocaína, además fortalecería la ruta: Bolivia-Venezuela-Cuba.

El vicepresidente García Linera reconoció que el narcotráfico mueve entre 500 y 900 millones de dólares en Bolivia (una suma que en realidad sólo representaría un porcentaje absolutamente mínimo), pues economistas, analistas y gente con criterio analista sabe que el crecimiento de la economía de Bolivia y el publicitado incremento de la clase media estaría ampliamente relacionado con la producción, comercialización y exportación de la cocaína y con el aumento de lavado de dinero (legitimación de ganancias ilícitas), cuyo origen estaría vinculado a los ilícitos derivados de la producción excedentaria de la coca ilegal.

7.5. ¿La estrategia del gobierno del MAS para combatir al narcotráfico es exitosa?

¡Absolutamente **NO**! Rápidamente veamos por qué. Morales tiene una estrategia **no para ganar la lucha** contra las plantaciones ilegales de coca, **sino para fomentar** su expansión.

En palabras simples Evo Morales nunca va a ganar la guerra al narcotráfico, **no porque no pueda, sino porque no le conviene.** Algo parecido me diría Peter Spurgeon, jefe de la Scotland Yard de Inglaterra: "Estados Unidos nunca va a ganar la guerra al narcotráfico, no porque no pueda, sino porque no quiere".

Sentencia que, si la aplicamos al gobierno de Evo Morales, podríamos interpretarla de la siguiente manera: **Bolivia nunca va erradicar la coca excedentaria, nunca va a combatir al narcotráfico para erradicarlo de Bolivia; no porque no pueda**, sino porque existirían fuertes vínculos gubernamentales con el narcotráfico nacional e internacional.

La prensa ha señalado en varias oportunidades que el pentágono geográfico boliviano (Cochabamba-La Paz-Beni-Santa Cruz-Pando), es el más activo en la comercialización de la coca ilegal para la producción de la cocaína, aparte de ello, al interior de dicho pentágono existen territorios calificados como "tierra libre de control gubernamental; es decir no hay presencia del Estado). Al respecto sólo vamos a señalar un ejemplo difundido por la prensa boliviana:

☐ La Policía Boliviana para ingresar a realizar controles sobre la coca excedentaria y sobre la producción de cocaína, debe pedir permiso a los dirigentes cocaleros del Chapare.

Lo anterior nos confirma que estamos viviendo una peligrosísima realidad que cada día crece geométricamente y que contiene altas dosis letales de probables nuevas y violentas muertes de bolivianos, incluso de extranjeros debido al narcotráfico.

7.6. Penetración del narcotráfico al Estado y a las instituciones bolivianas

La prensa diariamente informa de los fuertes vínculos de narcotraficantes con altas autoridades encargadas de perseguir, policial y judicialmente a los que se dedican a la producción y comercialización de drogas prohibidas, como ser la cocaína, la mariguana, etc.; sin embargo, en lugar de cumplir con los mandatos legales, se "asocian" y, en lugar de encarcelarlos, los protegen. En este accionar delictivo están comprometidos fiscales, jueces y policías-

Se conocen casos de jerarcas de la Policía Boliviana asociados a los narcos. Los dos mayores escándalos que incriminan a los nombrados líneas arriba, son el del general René Sanabria *que fuera Director de la Fuerza Especial de Lucha Contra el Narcotráfico (2007 y 2008), el 2009 es designado Jefe del Centro de Inteligencia y Generación de Información (CIGEIN), dependiente del Ministerio de Gobierno. En febrero de 2011 Sanabria, introduce un cargamento de cocaína a los EE.UU. Durante la transacción de 144 kilos de cocaína, junto a su cómplice Juan Foronda Azero es capturado y condenado a 14 años de cárcel. El general René Sanabria **acusa** al ex ministro de Gobierno Sacha Llorenti, al ex viceministro Marcos Farfán y al asesor jurídico Fernando Rivera de ejercer presión política para acusar a sus familiares y a ex funcionarios del CIGEIN.*

El otro caso reciente es el del extraditable Montenegro quien tiene cuentas pendientes por narcotráfico con la justicia de Brasil. Montenegro ha penetrado a instituciones tales como la Policía implicando a la alta jerarquía (coronel Gonzalo Medina), también implicó al ex magistrado Gonzalo Hurtado Zamorano (del Tribunal Constitucional Plurinacional), a fiscales, jueces, diputados, empresarios, incluso la universidad Gabriel René Moreno se vio involucrada en el caso Montenegro.

7.7. Inseguridad que viene del exterior (el papel de Cuba y Venezuela en Bolivia)

Para entender el rol que juega en Bolivia el equipo de asesores cubanos, repasemos brevemente el contexto político de Venezuela.

El narco-dictador Maduro (íntimo de Evo Morales, y títere de D.

Cabello, que es el hombre que gobierna detrás de Maduro y a la vez el capo del narcotráfico venezolano), a fin de mantenerse en el poder, ha permitido que su país sea controlado por asesores y militares cubanos quienes en un número de 20 mil combatientes cubanos, hace tiempo están asentados en territorio venezolano, en especial al interior de las Fuerzas Armadas y del propio gobierno. Lo cual significa que los cubanos tienen el control total de inteligencia y contrainteligencia venezolanos, el mejor ejemplo de lo que afirmamos surge de las negociaciones entre la oposición y los generales venezolanos dispuestos a deshacerse del dictador (del 30 de abril de 2019) quienes fueron descubiertas por la inteligencia cubana que tiene agentes infiltrados en todas partes. Como se puede comprobar, en Venezuela, no sólo existe injerencia extranjera, sino invasión cubana al territorio venezolano.

Otros aliados son los de la cúpula militar venezolana, cuyos miembros tienen el control de instituciones y ministerios que generan los mayores recursos económicos de toda Venezuela. Recursos que van a parar a sus bolsillos, ya que nadie les controla; un buen número de aquéllos generales forman parte del *cartel de los soles* (alusión a las estrellas doradas de los generales), cartel vinculado al narcotráfico internacional.

Maduro también recibe apoyo de los disidentes de las FARC y del ELN (ex guerrilleros colombianos convertidos en narcotraficantes) quienes están asentados en territorio venezolano cerca de la frontera con Colombia. Por último están los narcotraficantes que operan en los cuatro continentes desde Cuba hasta Irá, desde Bolivia a Chima, desde Surinam hasta África, desde Venezuela hasta Europa y Estados Unidos.

Los *socios* políticos de Maduro a nivel internacional, aparte el de Cuba, son Ortega de Nicaragua (que en un par de meses ha mandado a asesinar a más de 500 de sus propios compatriotas) y de Evo Morales. Éste sabe muy bien que el narco-dictador Maduro, ha llenado las cárceles con presos políticos y con gente que reclama por su libertad, por alimentos, medicamentos, etc.; también sabe que ha llenado los hospitales con miles de heridos, y ha sembrado los cementerios con cientos de muertos, y ha ocasionado el éxodo (exilio obligado) de millones de venezolanos que han escapado especialmente a los países fronterizos. Sin embargo públicamente lo apoya (una reverenda estupidez diplomática) con declaraciones que deja al descubierto no sólo la supuesta defensa de un gobierno (teóricamente) democrático, sino sus probables vínculos con el mundo de la droga que entra y sale a y de Venezuela.

7.8. La ecuación Maduro, asesores cubanos y gobierno del MAS = muertos

¿Por qué el gobierno sigue la línea cubano-estalinista de Maduro? ¿Lo hace por ideología, por antiimperialista? ¿O lo hace por instrucciones de los cubano-estalinistas que trabajan en el bunker boliviano y en casas y oficinas clandestinas? ¿O lo hace por compromisos oscuros (probables vínculos con el narcotráfico, información que circula libremente en los pasillos políticos y empresariales)?

La respuesta a la primera pregunta es no. No hay ideología de por medio. Los hechos nos demuestran que por ningún lado vemos ideología política. Si existiera, la misma sería la ideología del desastre y de la muerte. En el actual gobierno ya no hay rastros de ideología, incluso, los postulados del tristemente famoso *"proceso de cambio"*, que hace mucho tiempo está agónico (sólo falta darle la extremaunción) está plagado de políticas neoliberales (favorecimiento a las transnacionales petroleras y mineras, violación a los derechos de los indígenas del TIPNIS, vigencia del Decreto Supremo 21060 totalmente neoliberal, etc.); por consiguiente el tema de apoyo a la supuesta ideología está completamente descartado.

El gobierno cubano, a fin de garantizar que los miles de cubanos (médicos, militares, asesores, incluso traficantes de droga), sigan enviando dinero y otras divisas a Cuba, recurre al pretexto de la lucha contra el imperialismo, pero no lo hace por ideología, lo hace por dinero, ofreciendo sus "servicios" de asistencia y asesoramiento político y militar, además envía a sus médicos[10] para brindar asistencia en salud y al medio de estos infiltra a sus agentes (militares expertos en tácticas y estrategias políticas y gubernamentales); de esta manera saca provecho económico de los gobiernos de Maduro, Ortega y Morales. Esa es la realidad que responde a la segunda interrogante.

Respondiendo a la tercera pregunta, afirmamos que la dictadura de Cuba, ante la inminente salida de Venezuela de los más de 20 mil cubanos (militares, médicos, asesores y traficantes de droga) y a los más de ocho mil médicos que fueron obligados a dejar Brasil, ven en Bolivia la solución para reacomodarlos y así seguir generando divisas para el gobierno de Cuba, por consiguiente, los asesores cubanos recibirían instrucciones de la nomenclatura cubana para que hagan los máximos esfuerzos para mantener en el poder a Evo Morales, sin importar que mañana haya un enfrentamiento armado entre bolivianos.

A los "asesores" cubanos no les interesan los muertos ni los heridos, ni la destrucción de las familias bolivianas. Desde que los "asesores" y otros mercenarios cubanos están al interior del gobierno de Bolivia, los enfrentamientos entre bolivianos, a veces salvajes y criminales, han provocado ya cien muertos, sin contar los cientos de heridos y miles de gasificados, apaleados y maltratados, amén de los perseguidos judiciales. Las víctimas por lo general son gente humilde del pueblo. Cuando deberíamos estar enfrentando a los enemigos de Bolivia y de los bolivianos, el gobierno, aplicando la doctrina cubano-estalinista (de la cual el mayor seguidor es García Linera) enfrenta a hermanos campesinos contra campesinos, a líderes de sectores contra líderes de los mismos sectores, a dirigentes sindicales contra dirigentes sindicales, es decir a bolivianos contra bolivianos.

7.9. Los gobernados y su seguridad

El gobierno, conforme a los mandatos constitucionales como legales, tiene la obligación de cuidar a la población; sin embargo, en la práctica diaria, sobremanera en cuanto respecta a la *seguridad ciudadana* (la obligación del Estado de cuidar a todos sus habitantes) sólo llega a un puñado de privilegiados: autoridades gubernamentales, personas pudientes, etc.; pero al resto de los gobernados no les brindan ningún tipo de seguridad frente a los asaltos, robos, asesinatos, secuestros, violaciones, etc.[11] Estos comportamientos delictivos, en la actualidad, forma parte de la nueva cultura de **inseguridad poblacional**.

La mayoría de aquellos crímenes los provocan delincuentes que tienen como *oficio* el robo, el asalto, el secuestro, el contrabando, el narcotráfico, etc., con el agravante del asesinato; en la otra vereda delictiva, se encuentran los grupos pandilleros, cleferos, incluso niños en situación de calle; también habría que incluir a personas que no pertenecen a ninguna de tales asociaciones delictivas, pero que cometen delitos, en unos casos por reacción e inducción circunstancial colectiva:

☐ Linchamientos (asesinatos de supuestos delincuentes y, más de las veces, de víctimas inocentes)

☐ violentas reacciones emotivas provocadas por:
  ✓ el alcohol (frecuentes borracheras de fin de semana y de días festivos y acontecimientos sociales),
  ✓ las drogas (cocaína y mariguana de fácil acceso) y

☐ En otros casos, el delito se comete en el mismo seno familiar:
  ✓ violaciones a las propias hijas o hijos, sobrinos (as), etc.,
  ✓ abusos deshonestos de la fragilidad, vulnerabilidad y/o inocencia de los menores
  ✓ enclaustramiento despótico de niños o adultos indefensos, etc.

☐ También existen delitos inspirados en el reflejo conductual global:
  ✓ influencia de la televisión (noticias e informativos sensacionalistas que indirectamente incitan a la criminalidad y a la violencia; películas y telenovelas que alteran el comportamiento de personas sin criterio formado; declaraciones de autoridades comprometidas en actos delictivos reñidos con la moral que se refleja en la sociedad de aquellas personas que no tienen una sólida

conducta moral)., telenovelas y películas de contenido delictivo, etc.), de Internet (redes sociales sin control estatal y/o parental), y de periódicos de contenido rojo de crimen que si uno los aprieta con fuerza, sale sangre a grandes chorros.

8. SOLUCIONES PARA LA REALIDAD Y PROBLEMAS EN LO SOCIAL

PROTEGIENDO A LOS MÁS NECESITADOS

8.1. Capitales de ocho mil dólares para los más pobres para crear fuentes de trabajo grupales

Los jefes de familia de los grupos económicamente vulnerables, que se unan en grupos (como mínimo cuatro familias) recibirán un capital de 8.000 dólares por grupo que servirá de base para abrir pequeños negocios, iniciar microempresas, abrir oficinas de servicios, etc.

Si requiriesen un mayor capital, una vez que se inscriban en el programa *"Desarrollando iniciativas económicas"* y demuestren su solvencia empresarial, sobre la base del dinero recibido, podrán solicitar préstamos de la banca estatal para mejorar su iniciativa empresarial, comercial o de servicios.

8.2. Movilidad propia para trabajar que se paga con el dinero de la renta diaria

Todo conductor del servicio público que demuestre que no es propietario y pertenece al sector social de los más vulnerables y/o necesitados, con un capital mínimo (entre 10 a 15 por ciento) **sin necesidad de garantía** podrá beneficiarse del programa *Movilidad propia que se paga con la renta*, y tener su movilidad propia para trabajar en el sector público.

8.3. Agua y luz gratis

Con la finalidad de reducir los gastos de los más pobres y necesitados, el acceso y uso del agua y de la energía eléctrica serán gratuitos, excepto cuando su consumo supere la barrera del consumo subvencionado. Vea el Anexo *"Subvenciones sociales"*

8.4. Nuevo sistema de distribución de gas en garrafas.

A los hogares que aún usan gas en garrafas, se les dará un trato preferencial en la venta a domicilio. Se creará la *Unidad de Control de venta de gas en garrafas.* Esta Unidad se encargará puntualmente de que las garrafas se encuentren en buen estado de uso y limpias (seguridad e higiene para los usuarios, en especial para las amas de casa).

Los camiones distribuidores para facilitar a los usuarios, de manera obligatoria, durante dos días a la semana en horarios fijos, harán la venta-distribución de gas en garrafas.

La escasez del gas en garrafas afecta a toda la población, especialmente a los pobres y a la gente que vive en zonas alejadas del eje central de Bolivia, y no sólo eso, sino que en las principales ciudades del país la escasez de gas en garrafas, se ha vuelto un problema de todos los días y en todos los barrios; y los especuladores se aprovechan para vender a precios muy altos, muchas amas de casa, tanto de la ciudad como de los pueblos, han tenido que pagar por una garrafa de gas hasta Bs. 60,00, incluso a Bs. 100,00, cuando su precio oficial es de Bs. 22,50.

Los precios serán uniformes en todo el país. Para lugares alejados de los centros de distribución de YPFB, a los distribuidores de gas en garrafas se les hará un tratamiento especial subvencionado.

SEGURIDAD CIUDADANA PARA TODOS
8.5. Moderno sistema para reducir los Feminicidios, infanticidios y otros homicidios y/o asesinatos

Para detectar, detener y erradicar el flagelo de los feminicidios, infanticidios, parricidios, y violaciones a niños, adolescentes, etc., se harán estudios científicos (comprender el comportamiento neurológico de los feminicidas e infanticidas), estudios sociales (entender la conducta en el entorno social en que vive y/o trabaja el homicida) y se trabajará en función de los resultados con equipos multidisciplinarios, pero en especial con especialistas en psicología personal, social y criminal; en base a los resultados de dichos estudios científicos, las unidades móviles de *Educación Ciudadana* realizarán los respectivos trabajos en las unidades educativas (ciclo de secundaria), universidades y barrios, como en los medios de comunicación, especialmente televisión y redes sociales.

8.6. Aplicaciones electrónicas e inteligentes para cuidar a

nuestros hijos

El Estado creará al interior de la Policía la ***Unidad de Élite de Ciencia y Tecnología Policial (UECyT)***, la cual trabajará para brindar seguridad a nuestros hijos menores, adolescentes y jóvenes. La ***UECyT***, mediante un moderno y secreto sistema electrónico, que se instalara en celulares de los padres, cuando sus hijos al ir o volver de clases, de ir a una visita programada, etc., se "salga" de su ruta cotidiana, serán notificados para que inmediatamente tomen las acciones correspondientes; se este modo se podrá evitar secuestros, compra-venta y/o consumo de drogas (cocaína, mariguana, bebidas alcohólicas), etc.

8.7. Seguridad en los barrios con los ojos electrónicos en constante actividad de vigilancia

Se creará un cuerpo de élite cibernético para que alimente con información constante y al minuto a las unidades y parejas policiales de patrullaje de las calles, lo mismo que a guardias privados, mediante el uso combinado de las cámaras de las entidades estatales (alcaldías, gobernaciones y gobierno central) con las cámaras de uso particular (de bancos, comercios, hoteles, casas, etc.).

Apenas se detecten, por ejemplo, en las unidades educativas estatales a personas sospechosas, o se muestren acciones típicas delictivas (trata de blancas, secuestro, asaltos, robos, etc.,) o si alguien diese muestras de que está tratando de ingresar en actitud sospechosa a un comercio, una casa, un auto, etc., o en su accionar se notan movimientos delictivos, inmediatamente se activarán los mecanismos de rápida alerta para que los patrulleros y guardias de seguridad (policiales y/o privados) se dirijan al lugar.

8.8. Brindando formación en seguridad a los ciudadanos

En lugar de elaborar leyes (que nunca se cumplen), en lugar de llenar con propagandas alienantes sobre el contenido de dichas leyes, vamos a desplegar en las unidades educativas, en los barrios a los miembros de la ***Unidad de orientadores sociales y*** *familiares*, para que hagan conocer a la ciudadanía todo lo relacionado a lo que es y cómo debe llevarse a cabo, la seguridad en la familia, en el hogar, en el cuidado de los valores que uno lleva consigo (dinero, tarjetas de crédito, joyas), en la protección de su auto, en la calle o al interior del transporte público y/o municipal, en el barrio, en el trabajo, etc.

Durante los programas televisivos para niños, adolescentes y jóvenes (realizando la respectiva discriminación de edad), los canales de televisión están en la obligación de pasar programas de prevención y orientación sobre delitos contra niños, adolescentes y jóvenes que deben ser extraídos de los "**Paquetes de Vida en Plenitud**".

8.9. Prevención en carreteras y puentes

No más carreteras y puentes intransitables e inhabilitados por causas de lluvias, derrumbes, nevadas, etc.

Se creará el *Servicio Permanente de Prevención de Problemas en Carreteras y Puentes* (SP3). Este servicio de manera diaria estará en permanente inspección técnica sobre posibles derrumbes, creación natural de baches, huecos, deterioros de las carreteras y puentes.

Cuando, por causas que no se hayan podido prever, el SP3, contará con equipo de inmediata reacción para solucionar el paso de vehículos con la instalación de puentes y mantos metálicos de emergencia para una continua circulación de vehículos.

8.10. Estafas, fraudes y otros en inmuebles

Las personas bolivianas interesadas en la compra, anticrético, alquiler de un inmueble (casas, departamentos, cuartos, terrenos, etc.) podrán verificar que el inmueble que les interesa está legalmente apto para ser vendido, dado en anticrético y/o alquilado, recurriendo a la *Unidad de Protección al Ciudadano "UPROCI"*.

Los propietarios y/o apoderados que quieran vender, dar en anticrético o alquilar su bienes inmuebles (casas, departamentos, cuartos, terrenos, etc.) antes de publicar su aviso por cualquier medio (prensa escrita, radial, televisiva, inmobiliarias, avisos en las calles, etc.) obligatoriamente deben recabar el código alfanumérico de la *UPROCI.*

Los medios publicitarios (prensa en general e inmobiliarias y otras agencias) deben exigir la presentación de dicha autorización para publicar el aviso.

Los propietarios cuando el interesado (en alquilar, comprar, etc. un bien inmueble), sea extranjero, deben exigir la presentación del formulario con el código alfanumérico para extranjeros de la *UPROCI.*

Si la persona interesada en alquilar, tomar en anticrético o comprar el bien inmueble, es extranjera, los propietarios para concretar el contrato (escrito o verbal) deben exigirle al interesado la presentación del código *Alfanumérico Para Inmuebles para extranjeros* expedido por la **UPROCI.**

8.11. Extranjeros indeseables

Se debe crear la *Unidad de Control Interno de Extranjeros Indeseables,* para detectar, detener y expulsar a extranjeros indeseables, peligrosos y/o que se encuentren en las listas de la Interpol, o a aquellos que por razones políticas busquen la división de los bolivianos y/o atenten, o alteren la paz y tranquilidad a la que estamos acostumbrados a vivir los bolivianos.

8.12. Cárceles y Centros de detención y rehabilitación para menores de edad

Cambio gradual y constante para separar a los presos, tomando en cuenta factores de su condena, tipo de delito cometido, edad, grado de peligrosidad.

Todos los presos estarán obligados a realizar actividades ocupacionales por 40 horas semanales, de acuerdo a su profesión, oficio y/o interés personal.

Se hará consultas ciudadanas para que el sistema penitenciario se convierta en un sistema de administración mixta (estatal y privado).

Se construirán cárceles, alejadas de los centros urbanos para encarcelados altamente peligrosos o cuya conducta los conviertan en sujetos conflictivos.

8.13. Tratamiento a los menores sentenciados

Se realizarán reformas profundas en cuanto respecta al tratamiento de detención, rehabilitación y transformación de la conducta de los menores de edad recluidos por delitos para que su reinserción a la sociedad sea altamente positiva para bien del reinsertado, de su familia y de la misma sociedad.

Los menores de edad sentenciados por delitos de homicidio, feminicidio, violación a menores, en especial a menores de doce años, y otros menores de edad clasificados por especialistas como altamente peligrosos, serán recluidos en el centro de detención y rehabilitación para menores especiales.

Se debe construir un *Centro de detención y rehabilitación para menores especiales.*

CONTROLES ESPECIALES
8.14. Control de productos alimenticios y otros

En coordinación con las alcaldías y gobernaciones, el nuevo gobierno ejercerá un estricto control para prohibir, decomisar y destruir productos y alimentos en mal estado (verduras, papas agusanadas, frutas, arroz, fideos, conservas, etc.) y sancionar con cárcel la venta de productos que dañen la salud o provoquen la muerte de los consumidores.

8.15. Control de publicidad y de propaganda

Los medios de comunicación (televisión, radio, diarios, Internet, etc.) para publicitar avisos relacionados a la prestación de servicios y/o venta de productos para la salud, estética, mejoramiento y/o fortalecimiento del cuerpo, del rostro, de la mente, etc., obligatoriamente deben exigir la autorización con el código alfanumérico de la **Unidad de Protección al Ciudadano** (**"UPROCI"**). Dicho código debe aparecer en lugar visible en el anuncio publicitado.

8.16. Ley Dura contra la corrupción (Vea el Anexo "Erradica-

ción de la corrupción estatal")

Aplicación de la **Ley Dura** contra la corrupción. A todo empleado o autoridad estatal implicado, directa o indirectamente en actos de corrupción, se le sancionará con la suspensión inmediata de sus funciones, y se lo remitirá a las autoridades judiciales para su inmediato procesamiento penal.

Al implicado en actos de corrupción el Estado de oficio, mediante la **Unidad de Vigilancia Estatal**, pedirá el congelamiento de todas sus cuentas bancarias y no bancarias, como la anotación de sus bienes inmuebles y otros que posea a su nombre o a nombre de terceros o con nombres de personas jurídicas, esto para precautelar la devolución o el pago por daño que haya provocado al Estado.

8.17. "Fedatarios Estatales Incognitos"

Se creará un equipo de *Fedatarios Estatales Incognitos* (**FedEIn's**) que en cualquier momento tal cual fueran simples usuarios, se presentarán en las oficinas públicas, incluidas las de jueces y fiscales, de Derechos Reales, de la Policía, etc.

A todo empleado y funcionario estatal (una secretaria, un jefe, un policía, un administrativo militar, etc.) se le hará conocer la existencia de los **FedEIn's** y en cada oficina habrá un letrero de advertencia: *"Este infractor (usuario) puede ser un FedEIn"*, *"Esta señora que le falta un documento para su trámite, puede ser un FedEIn"*.

La función principal de los *FedEIn's*, será la de detectar principalmente actos de corrupción, sin dejar de lado la mala atención, la discriminación, incluso la mediocridad profesional del empleado y/o autoridad estatal.

8.18. Inédito sistema de control del círculo Coca-Cocaína

Hasta antes de la asunción al gobierno del Movimiento al Socialismo (MAS), la *estrategia oficial* **no era viable, ni adecuada**. Esta estrategia impuesta a los países andinos en general y, en particular, a Bolivia, por los Estados Unidos con la aprobación de Europa, no era viable porque la misma tenía su epicentro en:

La aplicación de nuevas leyes (en el caso de Bolivia Ley 1008)
La falta de prevención del mal uso de la cocaína
La prevención de los cultivos de la hoja de coca buscando la erradicación total de las plantaciones de coca, estimulando su reemplazo con el llamado *Desarrollo con Producto Alternativos*. Esta *estrategia oficial*, ha fracasado rotundamente.
¿La estrategia del gobierno del MAS es exitosa? ¡**No**! Ha dado peores resultados para el control, erradicación del círculo coca-cocaína, ha sido vencida por el aumento de una mayor producción de hectáreas destinadas a las plantaciones excedentarias de coca destinada al narcotráfico, también han sido derrotados (tal vez cooptados) por los productores y traficantes de cocaína. Vea el Anexo **"El peligroso círculo de la coca-cocaína"**.

9. ECONOMÍA, realidad, problemas y soluciones
Realidad y Problemas económicos
9.1. El falso socialismo económico del MAS

La rosca gubernamental del MAS, para hacer creer al pueblo que Bolivia ya n*o es un país mendigo y que no necesita de los países capitalistas*, lanza discursos agresivos e insultantes contra las transnacionales y contra los gobiernos imperialistas; en especial contra los Estados Unidos, sin embargo, el gobierno, supuestamente *antiimperialista, anticapitalista y anti-neoliberal*:

1. Coloca en el mercado de valores de Wall Street (Bolsa de Valores de los Estados Unidos) los **bonos soberanos** emitidos por el gobierno del MAS, por un total de **2.000 millones de dólares**.

2. Evo Morales viaja los Estados Unidos a reunirse con empresarios capitalistas e imperialistas y les pide invertir en Bolivia ofreciéndoles todo tipo de ventajas.

3. Negocia préstamos con el Banco Mundial y el BID (instituciones de corte neoliberal y capitalistas que fomentan la destrucción medioambiental) y también públicamente agradece las declaraciones de ambas instituciones capitalistas que lo apoyan por sus medidas neoliberales.

4. Entra en *sociedad* con las transnacionales (representantes del **imperio estadounidense, británico, francés y español**), para la explotación y comercialización de las riquezas bolivianas (gas, minerales, proyectos que provocan daño masivo al medioambiente, etc.)

5. Realiza negociaciones comerciales con Corea del Sur que es satélite militar y económico de los Estados Unidos;

6. Con China el nuevo gigante imperialista que busca reemplazar a los Estados Unidos para convertirse en el nuevo amo imperialista del mundo, tiene no sólo empréstitos condicionados, sino que realiza grandes negociados para obtener grandes *diezmos.*;

7. Sigue **mendigando** por **ayuda** económica de la Comuni-

dad Europea, incluida la *colonialista* España. En realidad, el gobierno del MAS, lo único que hace es alienar con mentiras, engaños y falsedades al pueblo con repetitivos spots de propaganda política y gubernamental en casi todos los canales de televisión y, evidentemente en la radio y en la prensa escrita.

La hipocresía política del gobierno *del pueblo*, de los indígenas, *de los pobres*, *de los oprimidos*, cada día es más evidente, pues, para hacerles creer a los pobres, a los marginados, a los indígenas, a los campesinos, les regala canchitas de futbol y algunas escuelitas, pero a los oligarcas, a los capitalistas (los supuestos **enemigos de la patria**) les regala millones de millones de dólares, al respecto la prensa señala: *"Los banqueros en el gobierno de Evo Morales suben sus ganancias. Las ganancias de los banqueros terminarán esta gestión en más de **300 Millones de dólares**."*

La hipocresía gubernamental va *in crescendo*, el gobierno de Evo Morales, habla de:

1. Expulsar a las transnacionales, a los *explotadores* de las riquezas bolivianas, pero las transnacionales (empresas *imperialistas* y *chupasangre*), siguen explotando las riquezas hidro-carburíferas de Bolivia.

2. El presidente Morales justifica su falsa nacionalización diciendo: "No es conveniente estar aislados de los países potencialmente económicos, ya que Bolivia aún es un país en vías de desarrollo y necesita de la ayuda internacional".

9.2. Despilfarro del dinero del Estado

Evo Morales dispuso desde el 2006 hasta el 2018, de más de 200 mil millones de dólares ($us. 200.000.000.000), dinero de Bolivia y de los bolivianos.

De los 200 mil millones actualmente sólo quedan 9 mil millones de dólares en las reservas internacionales, lo cual representan el 4,5%. Es decir, el gobierno del MAS HA DESPILFARRADO 191 MIL MILLONES DE DÓLARES.

Le preguntamos al MAS: ¿en qué ha gastado el 95,5% de los 200 mil millones de dólares?

Es decir, ¿dónde han ido a parar los 191 mil millones de dólares? Y si a esto le sumamos los 10 mil millones de dólares de la deuda, **el gobierno del MAS ha despilfarrado 201 mil millones de dólares**.

En palabras simples, si un padre de familia que hereda una colosal fortuna, en lugar de invertir en bienes, en producción, en servicios, se gasta la millonaria herencia en viajes de placer, en prostíbulos, en farrearse el dinero con sus amigos y chicas alegres, en drogas y una vida de ampulosa lujuria, evidentemente en un determinado momento la fortuna habrá desaparecido.

El comportamiento económico del gobierno del MAS nos demuestra que debido al despilfarro del megalómano Evo Morales, no hemos logrado ni siquiera producir el total de alimentos primarios que consumimos los bolivianos; no hemos creado nuevas industrias, ni siquiera para industrializar el gas; no hemos logrado que la balanza comercial (importación/exportación) le sea favorable a Bolivia. De seguir la política económica del gobierno del MAS, pronto se importará chuño y yuca.

9.3. Daño económico al Estado (uso político-sindical de los recursos del Estado)

El actual gobierno, como si los recursos económicos de Bolivia fueran del MAS, los usan a su discreción, entregando infraestructura a los de la COB, entregando ambulancias a los dirigentes del transporte público, que de público sólo tiene el nombre, porque es un transporte privado que vende servicios de mala calidad y a precios elevados, además constantemente provocan accidentes con muertos y heridos. Por otro lado tenemos la compra de aviones para el mismo Presidente, un avión que cuesta unos 40 millones de dólares que para un país como lo es Bolivia, es sinónimo de despilfarro; tenemos igualmente estadios inútiles, tal el caso del estadio de futbol de Punata con capacidad para más de 30.000 personas, cuando aquél pueblo cuenta con una población de aficionados al fútbol que no pasa de cinco mil personas; de la misma manera existen, en el programa *Bolivia Cambia, Evo cumple,* obras inconclusas, incompletas y otras que ni siquiera comenzaron, y la mayoría de dichas obras son de mala calidad.

9.4. Falsa distribución de la riqueza de Bolivia

Si Evo hubiera hecho una correcta distribución de la riqueza entre todos los bolivianos, solamente entregando la mitad de todo ese dinero despilfarrado, a cada boliviano, incluidos, los recién nacidos, deberíamos haber recibido

18.182 dólares, es decir 109.091 bolivianos por persona. Si en su casa hay seis personas, usted y su familia deberían haber recibido 760.364 bolivianos.

Con **760.364 bolivianos**, usted y su familia tendrían su propia empresa, su propio negocio, o quizás su casa, etc. O poniendo su platita al banco, usted mensualmente de intereses al 4 por ciento anual, **recibiría cada mes la suma de 2.535 bolivianos.**

El gobierno para disimular, distribuye la riqueza dándole, si usted es adulto, 43 dólares mensualmente; si tiene un hijo en una escuela, 28 dólares al año, y si también hay una mamá con un menor gestante, unos 220 dólares al año.

De esta manera, los del gobierno del MAS, engañan y mienten al pueblo.

Evo Morales y García Linera, al creer que el pueblo es tonto, es oveja, es estúpido, una y otra vez, en el campo en la ciudad, en sociedades de profesionales, en grupos de estudiantes y escolares, en reuniones con obreros o campesinos, repiten una y otra vez sus embustes. Lo hacen porque les encanta engañar. Mentir, abusar y engañar es su alimento diario, sin ese viciado alimento se sienten huecos, vacíos, impotentes.

9.5. Presupuesto General de la Nación sinónimo de millonaria corrupción

El presupuesto General de la Nación se ha convertido en la "caja grande" del MAS, ya que el gobierno ordena y el Tesoro General de la Nación, obedece y entrega millonarias sumas de dinero a los *ministerios improductivos* (Ministerio de la Presidencia, Ministerio de Comunicaciones, etc.), quienes gastan anualmente más de cinco mil millones de dólares para que el presidente Evo Morales esté en permanente campaña electoral.

La propaganda política a favor del gobierno, los viajes gubernamentales que son redundantes e innecesarios para el desarrollo de Bolivia o para favorecer a los bolivianos, los fomentos económicos para las contrataciones de médicos cubanos con salarios por encima de lo que ganan los médicos bolivianos, los regalos de inmuebles, movilidades y entrega de dineros a sindicatos y movimientos sociales vinculados sindical y políticamente al gobierno, son algunos de los gastos inútiles del gobierno masista.

9.6. Incrementos de los famosos "DIEZMOS"

En los anteriores gobiernos existían los "dineros invisibles", los cuales si bien no figuraban oficialmente en el presupuesto de las instituciones estatales, iban directamente a los bolsillos de los corruptos. Nos referimos a los famosos *"diezmos"* que representaba el diez por ciento del total del dinero destinado a la contratación de servicios, logística, construcción, etc.

Durante el periodo del gobierno de Evo Morales, no sólo ha continuado la costumbre del "diezmo", sino que ha sido mejorado e incrementado (los masistas exigen entre un 15 a 25 por ciento de *diezmo*).

Rápidamente hagamos algunos cálculos de unas cuantas obras como ser la Planta de Urea, cuyo costo superó los mil millones de dólares, de aquí el gobierno del MAS recibiría de coima aproximadamente unos 200 millones de dólares; de la construcción de millonarias carreteras, el *diezmo* sería más de cuatro mil millones de dólares; de la compra de logística, tal el caso del satélite Túpac Katari –casi cuatrocientos millones de dólares-, el diezmo representaría unos ochenta millones de dólares, etc.).

Si tomamos en cuenta el total de dinero que ha recibido el gobierno de Evo Morales, que llega a los más de 200 mil millones de dólares y si tomamos como término medio el *"diezmo"* de un 15 por ciento, a los bolsillos de los corruptos han ido a parar 30 mil millones de dólares.

Para hacer una breve comparación, el gobierno del MAS, en sus trece años de gestión gubernamental, ha desembolsado para el sector de Salud, menos de la cuarta parte del dinero que le han robado a Bolivia y a los bolivianos.

Otro ejemplo, el gobierno de Evo Morales, todos los días nos hace escuchar que Bolivia *como nunca antes, tiene más de diez mil millones de dólares en Reservas Internacionales Netas* (RIN), sin embargo la deuda interna y externa están cerca de los 10 mil millones de dólares; y lo que se han embolsado es tres veces más que el total de las actuales reservas internacionales.

9.7. Falsa Nacionalización del gas

¿Cree que hubo nacionalización del gas? Si lo cree debe inscribirse en el club de los santos inocentes. Le explico, no para que se inscriba, sino para que conozca la verdad sobre la falsa y supuesta nacionalización.

Veamos Según el Decreto Supremo de nacionalización, los hidrocarburos, su posesión y control pasan a manos de Yacimientos Petrolíferos Fiscales Bolivianos (YPFB), para que explore, explote, produzca y comercialice. Sin embargo la nacionalización de Evo Morales, fue un simple show.

Nacionalización significa **expropiación** de empresas privadas (nacionales y/o extranjeras) realizadas por el Estado.

El derecho internacional público obliga a pagar a los propietarios de las empresas expropiadas; sin embargo, cuando no se procede al pago respectivo, los afectados, casi nunca han demandado a los Gobiernos nacionalizadores.

En Bolivia los gobiernos (anteriores y el actual) han procedido al revés, no es que no hayan entendido la práctica de la política de nacionalización, sino que, previos arreglos secretos y sin precautelar los intereses económicos de Bolivia, obligados por haber recibido de las multinacionales millonarias coimas de por medio, las compensan económicamente con exorbitantes sumas de dinero.

El 1 de mayo de 2006, Morales hizo público el Decreto Supremo de nacionalización de los hidrocarburos bolivianos, cuya posesión y control pasaban a Yacimientos Petrolíferos Fiscales Bolivianos (YPFB). Sin embargo la nacionalización *socialista* de Evo Morales, lo mismo que la industrialización de los energéticos, es incompleta e inconclusa:

➢ Las empresas extranjeras, **siguen teniendo** una **fuerte presencia** en la cadena hidrocarburífera boliviana, por consiguiente siguen obteniendo **grandes ganancias.**[12]

➢ Los energéticos se siguen sacando de Bolivia **como materia prima**, y los **beneficios del valor agregado**, los obtienen las transnacionales.

➢ **No hay industrialización** de los energéticos naturales (marzo 2019).

Las petroleras de EE.UU., Gran Bretaña, España, Argentina y Brasil, supuestamente nacionalizadas, **siguen operando** en Bolivia, luego siguen llevándose enormes y millonarias cantidades de dinero de los bolivianos.

Ahí las tenemos a la Panamerican Energy (del grupo Britsh Petroleum), la Andina, filial de Repsol YPF (Argentina) y la Transredes (transportadora de hidrocarburos) y filial de la británica Ahsmore, y la anglo holandesa ShellL la petrolera Chaco, la REPSOL (hispano-argentina), la Ashmore y la British Petroleum y el consorcio peruano-alemán CLBH recuperaron el 100% de la logística de Hidrocarburos en Bolivia.

Como vemos con la explotación, comercialización y exportación del gas boliviano son las transnacionales (todas imperialistas y neoliberales y, a su vez socias del falso socialista MAS).

9.8. Falsa austeridad del presidente Evo Morales

"He bajado mi sueldo a la mitad", declaró pomposamente Evo Morales. Al poco tiempo remató su hipocresía, *"He ordenado eliminar los gastos reservados."*

Evidentemente rebajó su sueldo y eliminó los *gastos reservados*, pero ha creado los *gastos de representación* que han incrementado en un diez mil por ciento su sueldo de austero; es decir cada mes el presidente de los "pobres" en sus viajes de placer personal, en sus viajes de permanente campaña electoral, mensualmente gasta un millón de bolivianos. Estos son los gastos del "bolsillo chico" (gastos personales), porque los gastos del bolsillo grande y de los maletines rebalsando de dólares, son millones de millones de dólares.

Para complacer los deseos y gustos del "presidente austero", los de su rosca gubernamental, le han permitido despilfarrar 200 mil millones de dólares en estos trece años de gobierno.

¿Cuánto, hasta la fecha, ha despilfarrado en *gastos de representación*?

¿Cuánto ha despilfarrado en construir un museo inútil (para rendir culto a su megalomanía presidencial), en comprar un avión de lujo imperial (de uso exclusivo y privado para uso exclusivo del presidente Morales), en carísimos autos blindados propios de dictadores temerosos de morir asesinados, en construir un palacio capitalista muy propio de los que tienen los tiranos? (que la historia los tiene registrados como los brutos que nadan en piscinas de paredes de diamantes, pero de aguas turbias)

Evo Morales cada día, incluidos sábados, domingos y feriados, gasta la plata de los bolivianos, no para dar salud a los bolivianos, sino para satisfacer su ego, su vanidad y su obsesión de creerse un emperador en permanente campaña electoral.

El gobierno del MAS debe recordar que la principal causa de la caída del imperio romano se debió sustancialmente a la conducta gubernamental de la clase dominante la cual se olvidó de gobernar y se dejaron llevar por el exceso de la ostentación, el lujo y la corrupción. Vea el Anexo "**Los gastos extras de Evo Morales**"

9.9. Política económica aplicada por el gobierno (Política Fiscal)

Es la política relacionada con los **impuestos** (el dinero que los del gobierno le sacan al pueblo) y el **gasto público** (el dinero que se lo gastan los gobernantes). Cuando se **reducen** los impuestos, o se **aumenta** el gasto público para estimular la demanda agregada, se dice que la **política fiscal es** <u>expansiva</u>. Sin embargo, la **política expansiva** en Bolivia, es un principio económico muy *boliviano* y que se utiliza sólo para **beneficiar** a la clase gobernante, ya que la misma representa, por un lado: la **reducción o el impago de impuestos** para favorecer a los amigos del gobierno, y por el otro, el **derroche en negociados** con los dineros del **gasto público.**

Si antes, cuando el **gasto público** (la plata que gastaba a su gusto la clase gobernante), superaba a la suma del dinero que gastaban los consumidores y los inversores, el Gobierno simplemente se justificaba diciendo: *tenemos crisis económica, porque hay crisis mundial.* El Estado boliviano siempre estaba en quiebra permanente; sin embargo en diciembre 2014 cuando el Estado goza de una favorable bonanza económica (gracias a la crisis mundial y a los elevados precios de la materia prima como ser el gas y los minerales), si bien Bolivia no está en quiebra, los quebrados son los gobernados, porque el gasto público sólo favorece a la clase gobernante, en particular a la rosca presidencial y sus *amigos* y "socios".

Cuando se **reduce** el gasto público, la política fiscal es **restrictiva. ¡Por fin algo bueno!** Pero la ejecución de la **política fiscal restrictiva** en Bolivia, exclusiva y únicamente está dirigida a:

➢ los gobernados, quienes *sagradamente* sufren la disminución del poder adquisitivo, enfrentan el encarecimiento diario de los productos de la *canasta familiar*, etc. (Vea el Anexo *"La Canasta Familiar"*

Por lo expuesto, se concluye que para la clase gobernante **no existe la política fiscal restrictiva**; sin duda que el Gobierno siempre dice que hay austeridad, claro que no especifica que **la austeridad obligada es para... el pueblo.**

9.10. Política monetaria

Es la que se encarga de controlar la oferta monetaria. Para diseñar la ingeniería de la **política fiscal**, el gobierno debe tomar una serie de decisiones sobre los **impuestos directos**, y sobre los **indirectos**, (tal como ocurre con el impuesto sobre el **valor agregado**). Si estuvieran vivos Adam Smith, John Keynes o el mismo John Stuart Mill quedarían asombrados de la *habilidad* *económica* de los tecnócratas en función de gobierno, quienes, ignorando el **desempleo**, **subempleo** y las necesidades reales y cotidianas de los gobernados) y transformando según conveniencias políticas la aplicación de las técnicas de cálculo, álgebra lineal y otros sofisticados métodos de análisis cuantitativo, incluso ignorando tanto las especialidades de la econometría, como las más rudimentarias ecuaciones matemáticas, manejan la economía de Estado, **con un enorme éxito para... sus bolsillos y para hipnotizar al pueblo haciéndole creer que Bolivia es un país de maravillas económicas..**

Lo increíble de la clase gobernante, la de ayer, en especial **la de hoy**, es que usa como propaganda política y electoral toda la complicada terminología, sutilmente sugerida por entidades financieras capitalistas (BM, FMI, CAF, Bolsa de Valores de EE.UU.[13], etc.), pero jamás aplican la ingeniería económica necesaria a la realidad de Bolivia y de los bolivianos.

¡Qué *inteligencia* manifiestan nuestras autoridades del área económica y financiera! Diseñan proyectos económicos con un alto contenido social, por un lado para hacer creer a los gobernados que se tienen políticas estatales sociales (para así justificar el gigantesco gasto público que sólo favorece a sectores privilegiados por el Gobierno); por el otro para seguir gastando el dinero de las RIN (Reservas Internacionales Netas) y el dinero de los préstamos y ayuda económica de gobiernos y organismos internacionales.

Los **gastos fiscales** (por ejemplo los salarios de los funcionarios públicos), deben determinar la suma de **gastos corrientes de la administración**, y **cuánto se debe gastar** en los distintos bienes y servicios, por ejemplo en la construcción de carreteras, escuelas, hospitales, etc. Para obtener el total de los **gastos corrientes de la administración pública**, los técnicos del gobierno, **clasifican** los salarios de los jerarcas y funcionarios públicos, de acuerdo **NO a la capacidad profesional**, sino política, partidista, familiar, fraternal, incluso delictiva; es decir, se imponen los conocimientos vinculados a la corrupción, delitos estatales incluso criminales (narcotráfico). De esta manera, la platita que debería destinarse, por ejemplo para lo más necesario como lo son la **salud** y la **educación**, se la destina a ciertos ministerios y entidades públicas con el único fin de asegurar, por un lado millonarias sumas de dinero ilegal a favor de la rosca presidencial, y por el otro para asegurar la fidelidad (que ahora se ha convertido en sumiso servilismo) hacia el *jefe* y al partido en función de gobierno, por parte de las cabezas de los órganos e instituciones estatales, especialmente judicial, electoral, militar y policial.

9.11. Economía constante y economía improvisada

Los once o doce[14] millones de bolivianos, se peguntan: ¿para Bolivia, se debe diseñar una **política económica automática** o, por el contrario, se debe diseñar una **política económica discrecional** en función de los factores que la condicionan?

La una o la otra, nos van a llevar al fracaso económico, debido a que el gobierno no conoce mínimamente los aspectos inherentes a la aplicación de la economía **necesaria a nuestra realidad y necesidad**, seguiremos siendo un país de **economía improvisada**, y muy probable seguiremos, no sólo teniendo, sino practicando los modelos heredados de la escuela neo liberal y propios del sistema capitalista (por ejemplo: venta de la riqueza boliviana como materia prima a través de las transnacionales entre las cuales se encuentran los chinos, falta de producción agropecuaria a gran escala, falta de industrialización, ausencia del valor agregado a nuestros productos de exportación, etc.) que favorece más a las transnacionales, a los oligarcas y gobiernos internacionales, y no a Bolivia y a los bolivianos.

9.12. Política de Reciprocidad

Política formalizada, por lo general, con la firma de un tratado por parte de dos o más países, destinada a admitir un **tratamiento ventajoso por igual** entre los países firmantes. Las modalidades más comunes de tratados recíprocos se dan en los siguientes campos **comercial**, por el que un país concede a otro idénticas condiciones comerciales a las que recibe del mismo;

extradición, cuando un fugitivo de la justicia es hallado en otro país y devuelto a su país de origen.

La clase gobernante de Bolivia ejecuta una *Política de Reciprocidad* **obediente**, pues concede todas las condiciones favorables a los países extranjeros para que **nos vendan lo que quieren vendernos,** y para que **nos compren lo que quieran comprarnos**; Pero, cuando **queremos vender**, las condiciones comerciales, nunca son favorables para Bolivia, ya que la *Política de Reciprocidad*, es impuesta de acuerdo a los intereses de cada nación, y/o de cada grupo comercial, industrial, etc.; es decir, **a nosotros nos venden** las porquerías que quieran vendernos (caso de los chinos y sus productos y servicios); pero **nosotros no vendemos**, pues sólo nos compran, por lo general, sólo materia prima (las transnacionales que se llevan el gas y los minerales sin valor agregado, es decir como materia prima). Lo mismo sucede con los préstamos; es decir nos conceden préstamos condicionados[15].

En el campo diplomático cuando Bolivia pide la extradición de Zutano o Mengano, el país solicitado, responde diplomáticamente o directamente no responde, pero no da curso al exhorto de Bolivia (tal el caso de Gonzalo Sánchez de Lozada que se encuentra en los Estados Unidos[16]); pero cuando un gobierno extranjero pide la extradición, inmediatamente se da luz verde al exhorto, excepto si se trata de proteger a ciertos delincuentes (caso Montenegro que tenía una orden de extradición al Brasil y que la misma nunca se cumplió. Vea el Anexo: *"El peligroso círculo de la coca-cocaína"*).

9.13. Política de Puertas Abiertas

Término que se refiere al **principio de igualdad de derechos comerciales**. Se utiliza para designar políticas de derechos comerciales iguales entre países. Esta política, muy similar a la de Reciprocidad (en la parte comercial), la clase gobernante la entiende como política donde *las puertas están abiertas*, pues, tanto ayer, **como hoy**, los gobernantes permiten que las **multinacionales** (especialmente del campo de los hidrocarburos y minerales) a pesar de las **nacionalizaciones** hagan uso de la política de puertas abiertas para llevarse millonarias sumas de dinero de Bolivia, por su parte Bolivia no va a ningún país a traer dinero, excepto el dinero de las remesas[17] de millones de bolivianos que trabajan en el exterior.

9.14. Política de Rentas

La *política de Rentas* es una medida gubernamental dirigida a **limitar** el crecimiento de los salarios combinando con el control de precios para **controlar** la inflación. La limitación de aumento de salarios puede generar conflictos sociales, disminuyendo el apoyo social al Gobierno, provocando la consecuente inestabilidad política. La Política de Rentas de la clase gobernante de Bolivia, consiste en realizar un aumento salarial que no tiene **consenso tripartito**: gobierno, empresarios y sindicatos; por consiguiente, el aumento salarial, en lugar de lograr mejoras para el trabajador y su familia, crea conflictos económicos en los hogares, ya que a cada aumento salarial, inmediatamente le sigue la pérdida del poder adquisitivo; si hay un aumento de 5%, los precios crecen, como término medio, entre 10 hasta 40%.

El gobierno más que cuidar los intereses económicos del trabajador, cuida las ganancias de las empresas, favoreciendo, en especial a los grandes empresarios (el gobierno nunca aplica una política de aumento salarial basada en la realidad de la tasa de retorno de las empresas privadas, incluso públicas),[18] de esta manera, gracias al *aumento salarial lineal y no proporcional* se garantiza a la clase empresarial el mantenimiento de valor de capital. El tristemente célebre **D.S. 21060 sigue vigente**, sólo un par de artículos han sido derogados.

La razón de estas políticas económicas que implementa el gobierno, es para justificar la falta de políticas de Estado de largo alcance, por lo tanto, la razón ya no es económica, más bien es política.

9.15. Política de Subvención

Los políticos de ayer que estaban en función de gobierno a fin de hacer creer al pueblo que eran generosos, se inventaron ciertos "regalos". El actual gobierno, más demagogo que los anteriores, acostumbrado al plagio de ideas, proyectos y leyes que le favorezcan, dispone del dinero del Estado y subvenciona, no el hambre del pueblo, sino su permanencia en el poder, y para ello:

☐   Entrega bonos asistencialistas que los cobran incluso los que no lo necesitan.

☐   Subvención a los grandes agricultores que aumentan su patrimonio con dineros del Estado y no produciendo productos con calidad de exportación. Subvención de hidrocarburos (diesel y gasolina) que favorece a los comerciantes, contrabandistas y narcotraficantes.

☐   Para tranquilizar a los panzudos del transporte (es decir beneficiar a los dirigentes y propietarios de los vehículos, y no a los choferes asalariados) subvenciona la gasolina y el diesel (cuya mayor parte es absorbida por el contrabando),

☐   Si bien la crisis alimentaria obligó al Gobierno a subvencionar los precios del arroz, azúcar, harina, aceite y soya que se comercializan a través de Emapa, junto a esta subvención surgió el monopolio del Estado que, en vez de fomentar la producción, **fomentó el contrabando** y el **agio** de aquéllos productos, al respecto varios periodistas evidenciaron que en pleno periodo de escases de dichos alimentos, en los almacenes de Emapa estaban ocultos miles de quintales de azúcar y harina.

☐   Subvención a los cooperativistas mineros a quienes se les entrega minas donde existen millonarias vetas de minerales estratégicos: estaño, plata, etc., de fácil extracción y que son explotados como materia prima.

☐   La subvención al gas, diesel y gasolina más que favorecer a quienes está dirigida (transportistas públicos y privados, y a los del sector agropecuario e industrial), favorece a los corruptos que están en función de gobierno, especialmente en el área de hidrocarburos (YPFB, el ministerio del ramo y el ministerio de Finanzas) y a los contrabandistas que, evidentemente contarían con el aval gubernamental.

Mediante estudios comparativos, la prensa y especialistas, demuestran que el gobierno infla exageradamente el monto total de la subvención llegando casi a duplicar el monto real de la subvención de carburantes. Las investigaciones del Centro de Estudios para el Desarrollo Laboral y Agrario (CEDLA), señala que los del gobierno estiman, en cuanto se refiere al diesel y la gasolina, un monto de importaciones de 642 millones de dólares y un valor neto y máximo de subsidio de 222 millones de dólares. La explicación sobre la magnitud de un subsidio neto es de 222 millones de dólares. En el valor real del subsidio, se encuentra que la importación de diésel al precio ponderado de 92 dólares el barril habría superado los 560 millones de dólares. Si asumimos, además, que el 100% del diésel se comercializa al precio nacional de 3,72 bolivianos por litro, encontraremos que por la venta de este diésel en el mercado interno se recaudarán algo más de 370 millones de dólares, quedando un subsidio neto de 197 millones de dólares. Para el caso de la gasolina especial, la investigación ha calculado un monto máximo por importación de 75 millones de dólares y un monto de 25 millones de dólares para el subsidio neto a la importación de este combustible. Es decir, el gobierno, deliberadamente omite en el cálculo oficial los valores que retornan al fisco por la venta de los combustibles y el cobro de impuestos. De los más de 600 millones de dólares destinados a la importación en 2010, alrededor de 380 millones de dólares fueron para subsidios y que de éstos, hasta un monto de 150 millones salen del país por medio del contrabando.

9.16. Empleos versus desempleos

Los del gobierno central, crean fábricas, complejos e ingenios estatales, pero no porque el gobierno tenga políticas de desarrollo industrial, sino por un lado, por cuestiones estrictamente de estrategia política; y, por el otro, para crear una competencia (abusiva en muchos casos) entre las empresas afines al gobierno contra las empresas privadas opositoras o independientes y, finalmente, para que tengan trabajo… sus allegados, sean políticos o familiares.

En Bolivia, debido al pobre desempeño político estatal de los gobernantes, en lugar de crear fuentes permanentes de trabajo productivo, de servicios que ayuden a autofinanciarse, se crean fuentes de trabajo temporales (trabajadores del PLANE, se permite a la empresa privada como al sector estatal que sigan vigentes los contratos temporales para no pagar beneficios sociales -vigencia del 21060-, etc.) o se recurre al asistencialismo (bonos económicos: Renta Dignidad, Juana Azurduy, etc.) o se aumenta el pesado, burocrático e ineficiente aparato estatal (creación de más de 70.000 nuevos cargos para los militantes, amigos, compañeros, familiares y parientes de los burócratas del gobierno).

9.17. La incompetencia gubernamental

La conducta político-partidista ha hecho costumbre que los dirigentes y allegados cercanos al *jefe* del partido gobernante, formen parte integrante y decisoria de la estructura jerárquica gubernamental, de esta manera se nombra ministro a quien no tiene preparación ni conocimientos para desempeñar dicho cargo. Los altos e importantes cargos públicos no son ocupados por personas eficientes, expertas y profesionales en el área estatal, sino son ocupados de acuerdo a las famosas recomendaciones, presiones y la fuerza sindical o política, incluso familiar que muestre el postulante.

Personas (profesionales o no, citadinos o campesinos, etc.), sin ninguna preparación en la administración de la cosa pública se hacen cargo de ciertas carteras del Estado o de entidades autónomas; los cocaleros de Yungas y del Chapare ocupan altos cargos estatales (viceministerios); los de la COR y la FEJUVE copan la Aduana y el Ministerio del Agua respectivamente; otros dirigentes no tan relevantes como grupos sociales, pero con experiencia sindical o política, o con habilidades propias de los *operadores* sindicales bolivianos, se hacen de ministerios, gerencias o presidencias de instituciones como YPFB, y de esta manera dan continuidad a su inalterable presencia al interior del Estado. Y, junto a estos grupos, están aquellos eternos jerarcas estatales que, gobierno tras gobierno, con una habilidad camaleónica, se acomodan con el nuevo gobierno.

La *venganza* de los gobernantes es tal que olvidándose de la misión gubernamental: administrar correcta, eficiente y profesionalmente el Estado, a fin de *humillar* a aquellos que supuestamente los humillaron, así como ciertos gobernantes bárbaros que la historia los recuerda por haber nombrado a sus caballos cónsules, o a sus burros embajadores, nombran a iletrados jurídicos, como ministros, a analfabetos políticos, como diputados y senadores. De ahí el fracaso gubernamental en cuanto se refiere a potenciamiento del Estado y fortalecimiento de las instituciones estatales, con grave perjuicio para el Estado y, por supuesto, para el mismo gobierno y para los gobernantes.

9.18. Conceptos de desarrollo estatal que el gobierno nunca los aplica

Eficiencia. En términos generales, la eficiencia se refiere a la relación que debe existir entre esfuerzos y resultados. Si obtiene más resultados de un esfuerzo determinado, habrá incrementado su eficiencia. Asimismo, si puede obtener el mismo resultado con menos esfuerzo, habrá aumentado su eficiencia. En otras palabras, **eficiencia consiste en realizar un trabajo o una actividad al menor costo posible y en el menor tiempo**, <u>sin desperdiciar</u> recursos económicos, materiales y humanos; pero a la vez **implica calidad** al hacer lo que se hace; es decir aparte de hacer bien algo, se lo debe hacer con el máximo de calidad. Esto implica, a su vez, el uso selectivo de tres elementos que deben darse simultáneamente:

➢ Resultado final positivo de los objetivos propuestos.

➢ **Menor costo** posible en insumos y recursos que se requieran para alcanzar el resultado final.

➢ En el **menor tiempo** posible, ya que las demoras implican costos económicos y/o políticos que pueden perjudicar todo un proceso, con las consiguientes pérdidas para el Estado.

10. SOLUCIONES PARA LA REALIDAD Y PROBLEMAS EN ECONOMÍA
CUIDANDO LA ECONOMÍA DE LOS BOLIVIANOS

10.1. Estabilidad Económica

Una de las novedosas políticas económicas será invitar a los partidos con representación parlamentaria para que sus equipos de profesionales y proyectistas trabajen en la implementación de sus propuestas programáticas siempre que las mismas beneficien a Bolivia y a los bolivianos; del mismo modo serán invitados los profesionales de otras instituciones legalmente establecidas (colegios de economistas, de abogados, de médicos, de arquitectos, etc.) y también profesionales y proyectistas independientes y aquellos profesionales que provengan de comités cívicos, sindicatos, movimientos sociales, etc.

Los únicos requisitos para que formen parte de los equipos de trabajo gubernamentales será que sus propuestas estatales sean viables y rindan los frutos esperados, además tengan un legítimo interés para cooperar con el gobierno en favor de nuestra Patria y de todos los bolivianos.

Respecto a los profesionales estatales del anterior gobierno que pertenezcan al área económica y a áreas estratégicas, continuarán en sus funciones, siempre y cuando su rendimiento sea prolífico, transparente y se adapten al nuevo comportamiento estatal y gubernamental que todo funcionario público deberá tener en el nuevo gobierno. Para generar economía en permanente crecimiento en favor de Bolivia y de los bolivianos aplicaremos el plan **"Bolivia no detiene en su desarrollo hasta el año 2050"**.

PRIMERO LOS MÁS POBRES Y NECESITADOS

10.2. Generación de empleo. Asegurando 330.000 empleos para todos los bolivianos

↑ Emprendimientos empresariales (240 mil empleo)

Unas doscientas cuarenta mil personas de escasos recursos al contar con un capital otorgado por la banca estatal, sin más garantía que la conformación de grupos de emprendimientos, contarán con capitales suficientes para abrir pequeños negocios, microempresas, abrir oficinas de servicios, etc. Vea: "*Capitales de ocho mil dólares para los más pobres para crear fuentes de trabajo grupales*."

↑   Micro y pequeñas empresas (cinco mil empleos)

Las micro y pequeñas empresas serán las responsables de confeccionar más de un millón de uniformes para los escolares (de 1 a 6 de primaria); además, se les otorgará ventajas, como ser mejoramiento en el trato tributario, créditos (y/o adelantos) para la adquisición de material y máquinas de confección de última generación, contratación de personal, etc.

↑   jóvenes que ingresan por al mercado laboral (38 mil empleos)

En el caso de titulados en las universidades estatales que hayan egresado con las mejores calificaciones, serán contratados directamente y de manera obligatoria por el Estado.

Para los jóvenes que no tienen una profesión, se creará fuentes de trabajo, en especial para los que por primera vez ingresan al mercado laboral, a quienes, de acuerdo a sus aptitudes, los profesionalizaremos técnicamente en los rubros que tengan más demanda en sus respectivas ciudades o pueblos.

↑   Trabajadores estatales convertidos en empresarios (40 mil empleos)

Con la creación de Laboratorios, Centros, Unidades de investigación tecnológica, científica, etc.; con el programa estatal denominado "**Trabajadores de medio tiempo**", con la construcción de centros científicos, tecnológicos, deportivos, etc., generaremos unos diez mil empleos.

↑   Transporte (7 mil empleos)

Con el apoyo de la banca estatal mediante el programa: "**Movilidad propia que se paga con la renta**", vamos a generar siete mil empleos para choferes que no tienen una movilidad propia.

10.3. Mejorando la vida de los pobres

↑   Nuevos y excelentes Bonos Sociales y centros de recreación para los adultos que reciben la Renta Dignidad

Los bonos de la Renta Dignidad (para nuestros venerables mayores), el bono Juancito Pinto (para nuestros futuros constructores de la Gran Patria que son nuestros escolares y estudiantes) y el bono Juana Azurduy (para nuestras amadas madres que fortalecerán la salud de nuestras nuevas y patrióticas generaciones de bolivianos) **serán mejorados** económica y/o socialmente.

↑ Incremento del Bono Juancito Pinto con la ayuda a los padres de familia con entrega gratuita de material escolar (secundaria, primaria y pre-básico) y uniformes (primaria)

Cada estudiante de primaria, aparte de su Bono anual, recibirá, bonos vacacionales completamente gratuitos para asistir a eventos deportivos, visitar parques y centros de recreación infantil, cursos de música, danza, literatura, etc.

Los estudiantes de secundaria recibirán bonos para la práctica gratuita de deportes, artes, música, etc. De su gusto. Los alumnos de la promoción, tendrán un incremento económico para festejar su graduación como bachilleres.

↑ Capital de arranque para los pobres que quieran emprender su propio negocio o pequeña empresa.

Las madres que reciben el Bono Juana Azurduy, aparte de mantener el total de su beneficio económico, podrán acceder a créditos del Banco Estatal para contar con un capital de arranque y abrir su propio negocio, comercio, formar su micro empresa, etc. (Vea: **Capitales de ocho mil dólares para los más pobres para crear fuentes de trabajo grupales.**)

10.4. Creación del Ministerio del Desempleado

Se creará el *Ministerio del Desempleado* para que con carácter exclusivo brinde soluciones laborales a los desempleados. Cada desempleado podrá inscribirse (vía Internet o en las oficinas físicas) en el Banco de Desempleados para gozar de los siguientes beneficios:

Cursos gratuitos de capacitación técnica en diferentes oficios (construcción, electricidad, mecánica, computación, etc.).

Cursos gratuitos para grupos de cuatro o más desempleados para que formen su micro-empresa, negocio, comercio, oficina de servicios, etc. Vea: *Capitales de ocho mil dólares para los más pobres para crear fuentes de trabajo grupales*.

Cursos de capacitación de reentrenamiento laboral subvencionado (reorientación hacia un nuevo oficio y/o profesión) para aumentar sus posibilidades para conseguir un empleo.

Capacitación para presentarse a una entrevista laboral y para como redactar, preparar y presentar el Currículum Vitae (la hoja de vida).

Para que los que demandan empleados o trabajadores los contacten directamente.

Para que los contacten desde el exterior, personas y/o empresas que demanden trabajadores (profesionales y no profesionales); en caso positivo, el nuevo gobierno les brindará ayuda para los trámites de migración.

Los jóvenes que hayan salido profesionales, los que ingresen por primera vez al mercado laboral.

PROTEGIENDO LA CANASTA DE NUESTRAS AMAS DE CASA
10.5. Peso exacto y precio justo

Conjuntamente con los gobiernos autónomos, se debe manrener un control diario y estricto sobre el peso y los precios, especialmente de los productos básicos de la canasta familiar.

Se coordinará con los gobiernos autónomos para que sus autoridades ejerzan un control permanente en sus jurisdicciones territoriales.

La Ley aparte de servir para controlar el **peso exacto y precio justo,** tendrá por misión, mediante la Fiscalía General, presentar querella contra los infractores (comerciantes y/o autoridades que no den cumplimiento a la Ley).

Se crearán las *Tablas de Precios y Ganancias máximas* del productor al intermediario y de éste al consumidor.

Creación de *mercados de la canasta familiar para el pueblo* con exclusividad para gente de escasos recursos, ejerciendo un estricto control para que gente inescrupulosa (comerciantes, acaparadores, gente de buena situación económica y similares) no se aproveche comprando en estos mercados.

Respecto a la carne de pollo, el Estado mediante acuerdos con los productores de pollos, producirá alimentos de base para los pollos, de tal manera que los precios sean estables durante todo el año y en todo el país.

En la cadena comercial, los productores, entregarán sus productos a los vendedores a un mismo precio, y los vendedores, incrementarán su ganancia de acuerdo a lo establecido en las Tablas de Precios y Ganancias máximas. Precio que deberá ser exhibido por los vendedores. El control lo ejercerá en acción conjunta el gobierno central y el municipal.

Productor y/o vendedor que no cumpla con la norma nacional y municipal, será sancionado de acuerdo a lo establecido en el Reglamento de la Ley del peso exacto y precio justo.

En los procesos de encadenamiento comercial, los que más se favorecen con las ganancias son los mayoristas, distribuidores y las carnicerías quienes, más de las veces ganan mucho más que los productores, afectando negativamente la economía del pueblo, en especial de los pobres.

Mediante Ley, implementaremos un sistema de control de la cadena comercial para abaratar los costos y favorecer al pueblo, de manera particular a las amas de casa, a los grupos vulnerables económicamente (los más pobres y los más necesitados).

10.6. Control de la producción, distribución y venta de alimentos de primera necesidad

A fin de cuidar la salud de la población, todas las unidades de producción alimentaria industrial, agrícola y ganadera, recibirán asesoramiento estatal gratuito para que produzcan alimentos libres de intervenciones y/o deformaciones genéticas, de bacterias, virus y otros microorganismos que puedan influir negativamente en la salud de la población. La fiscalización al respecto será severa y permanente.

La venta de productos alimenticios en mal estado (carne, verduras, arroz, papas, embutidos, etc.) que dañen la salud o provoquen la muerte de los consumidores se sancionará con cárcel a los infractores.

Las personas y/o los responsables de empresas productoras y/o distribuidoras de alimentos que pongan en riesgo la salud poblacional, importando y/o produciendo alimentos que pongan en riesgo la salud y/o la vida de los consumidores, serán sancionados con cárcel.

Todo alimento puesto a la venta debe estar libre de productos químicos, saborizantes y/o similares que puedan causar daños a la salud humana; por consiguiente, aquellos alimentos que ingresen al mercado, que vengan del exterior, obligatoriamente deben contar con la autorización del *Departamento de Control de Alimentos* (*DeCA*) dependiente del Ministerio de Salud.

Los consumidores que tengan dudas sobre ciertos productos alimenticios, tendrán acceso la página virtual del *DeCA* para comprobar si el o los productos en duda están autorizados para su venta; de la misma manera los comerciantes, distribuidores, productores y otros involucrados en la producción, comercialización y venta de alimentos, deben exhibir en lugar visible y en letras grandes la lista de alimentos autorizados por el *DeCA* para su respectiva venta.

10.7. Recursos Alimentarios

Se modificarán las actuales estructuras agro-industriales, para convertir a Bolivia en un país productor y generador natural de divisas a través de la producción alimentaria, dando especial énfasis a la conservación de los recursos no renovables. No más depredación de nuestros recursos naturales.

De manera voluntaria se nucleará a los productores agrícolas que estén de acuerdo, en áreas de desarrollo agroindustrial, tomando en cuenta las ventajas climatológicas y riqueza de suelos, como los conocimientos, experiencia y capacidad de los productores agrícolas.

Importaremos y (cuando sea posible) fabricaremos la maquinaria de última generación para la producción de alimentos, y se las entregaremos a los productores del agro con créditos acordes a los beneficios de su producción.

Nos especializaremos en la producción agrícola de alimentos

de mayor demanda mundial (cereales). Para ello contaremos, aparte del apoyo de científicos y profesionales de la producción alimentaria, con maquinaria y tecnología de última generación, cuyos fabricantes y empresarios están dispuestos a firmar convenios de inversión en Bolivia.

Se conformarán empresas agrícolas mixtas para la producción de trigo, maíz y soya, destinados, en una primera fase a satisfacer la demanda interna; y una segunda y permanente fase industrial para la exportación.

Bolivia producirá sus alimentos y, una vez satisfecha la demanda interna, exportaremos los remanentes.

10.8. Protección total a los productos bolivianos

El Estado dará entera protección y prioridad para que los productores bolivianos aseguren la venta de sus productos, tanto interna como externamente.

Todo producto boliviano (agrícola, industrial, tecnológico, etc., en especial alimenticios) tendrá prioridad sobre los productos extranjeros.

Solamente cuando la *Unidad de Protección a la Producción Boliviana* ("UDPB") haya comprobado in situ que la producción boliviana no cubre las necesidades del mercado interno, recién autorizará la importación de productos del exterior.

Para efectivizar la autorización, la **UDPB** obligatoriamente debe coordinar con el o los productores bolivianos del rubro para que éstos den su conformidad por escrito, indicando que efectivamente no cubren la demanda interna; caso contrario la **UDPB** no podrá extender ninguna autorización.

La Aduana debe exigir el formulario de autorización de la **UDPB** para dar el visto bueno para el ingreso a territorio nacional del producto o productos importados.

Se creará la *Red Comercial Cibernética* a nivel nacional e internacional para que los productores conozcan cuál es la demanda nacional e internacional, precios, calidad del producto, condiciones de entrega, y qué productos.

Los productores contarán con la *Unidad de Asesoramiento a los*

Productores Bolivianos ("UAPB"), la cual les brindará asesoramiento profesional, técnico y gratuito para mejorar la calidad y cantidad de su producción en el lugar de producción; es decir el productor no irá a buscar a los asesores, sino el Estado irá donde los productores. La **UAPB**, a simple solicitud escrita de los productores, se pondrá a disposición de cada productor por el tiempo que sea necesario para el tema de asesoramiento.

PROTEGIENDO LA ECONOMÍA DE BOLIVIA

10.9. Re-direccionamiento del presupuesto General de la Nación

Vamos a recortar el presupuesto de ministerios improductivos (Ministerio de la Presidencia, Ministerio de Comunicaciones, etc.) y de instituciones estatales que sean clasificadas parasitarias, innecesarias y/o paralelas.

La Patria no necesita propaganda publicitaria a favor del gobierno o de los miembros del partido en función de gobierno; la Patria no necesita la suntuosa redundancia de viajes gubernamentales, de viajes de grupos sindicales, de movimientos sociales, de comisiones gubernamentales, que para el Estado y la Nación son innecesarios.

Los dineros recuperados, se invertirán en programas sociales a favor de la salud y educación.

10.10. Creación del Viceministerio de la deuda estatal externa e interna

Creación del Viceministerio de la deuda Estatal externa e Interna, cuya función principal será realizar una auditoría y sanear la Economía Estatal en cuanto respecta a las deudas contraídas por el Estado, luego disminuir y finalmente controlar la deuda contratada externa e internamente. No más "préstamos" onerosos y/o condicionados que favorecen a los prestamistas y benefician a los grupos rosqueros, perjudicando enormemente a la economía del Estado y por extensión al pueblo.

Renegociaremos las deudas (interna y externa) con nuestros acreedores hasta llegar a acuerdos sostenibles y favorables para ambas partes.

Edificaremos el nuevo país, tratando de contraer a lo mínimo las deudas.

No deben construirse palacios imperiales saturados de lujos desmedidos, cuando sabemos que podemos vivir a plenitud en habitaciones confortables.

10.11. Soberanía del dinero de Bolivia (banca nacional e internacional)

Concerniente a la política monetaria, se debe crear un vigoroso *Banco Central Soberano de Bolivia (BaSBol)*, el cual entre los muchos objetivos económicos, tendrá el de identificar la realidad de los activos existentes (saber con exactitud la cantidad física de dinero disponible y circulante en Bolivia, las reservas reales, los encajes bancarios, las operaciones de mercado abierto, etc.) de toda la banca de Bolivia (estatal y privada), para lo cual se hará un inventario global para conocer el total físico de los activos monetarios de toda la banca de Bolivia; de este modo el Estado se vacunará contra cualquier intento de reacciones contra la Patria, contra el Estado; es decir se evitarán quiebras fraudulentas, especulaciones monetarias, falta de liquidez y acciones económicas que conduzcan al país a la inflación y, por ende, le causen daño económico al pueblo.

El **BaSBol** será el responsable de recuperar el dinero (actualmente convertido en privilegio y fuente de riqueza de la banca privada nacional e internacional) para el Estado y por extensión para el pueblo, de esta manera, el sistema monetario estará al servicio de la economía del Estado y del Pueblo, beneficiando, por un lado a todos los prestatarios, ahorristas, etc., y por el otro a Bolivia como Estado económicamente fuerte y seguro.

10.12. Acciones económicas inmediatas

↑   Créditos Estatales

Revisaremos todas las carteras de deudas al Estado y recuperaremos dichos dineros para invertirlos en la creación de nuevas fuentes de trabajo, en especial para los jóvenes.

↑   Empresas nacionalizadas

Se creará una comisión de alto nivel para investigar las nacionalizaciones y pagos a las empresas nacionalizadas.

↑   Recuperación de dineros y bienes mal habidos

Se creará la **Unidad de Investigación de dineros y bienes mal habidos**. Todo el dinero y/o bienes que se recuperen serán dirigidos al sistema de salud estatal.

↑   Inversiones extranjeras

Todo empresario extranjero podrá hacer inversiones transnacionales solamente en alianza estratégica con el Estado.

10.13. Impuestos Nacionales

Aquellas personas que tengan impuestos pendientes con el Estado (atrasos, multas, etc.), previo acuerdo con el **Comité de Conciliación Tributación Estatal**, tendrán la opción de indexar el monto total de todos sus impuestos pendientes hacia el futuro en un plazo de 5, 10, o 15 años, dependiendo del monto y la cualidad de los mismos.

Así como el Estado va a proteger absolutamente a todos los bolivianos; todos los bolivianos deben proteger al Estado; y una manera es pagando sus impuestos, por lo tanto todos los sectores y todos los bolivianos que estén obligados a pagar por Ley, obligatoriamente pagarán sus impuestos.

Ninguna persona, empresa o sector podrá escudarse en falsedades, engaños y amenazas para evadir, disminuir o evitar pagar impuestos. Empresarios, comerciantes, gremiales, mineros, cocaleros, profesionales, trabajadores y todos aquellos que perciban ingresos por ventas de productos, servicios, etc. tienen que proteger al Estado y el Estado somos todos nosotros. Se acabó eso de que el Estado es el gobierno de turno. El Estado es Bolivia y somos todos los bolivianos.

RIQUEZAS DE BOLIVIA

10.14. Inventario de las riquezas naturales tangibles e intangibles

Una vez concluido el inventario real de todas las riquezas naturales de Bolivia, como de los valores económicos nacionales e internacionales, inmuebles y otros del Estado, utilizaremos un determinado porcentaje para crear políticas estatales en Educación, Salud y Seguridad Social sostenible por 30 años.

10.15. Distribución equitativa de los recursos naturales

Los recursos naturales no renovables (gas, minerales, bosques) serán severamente custodiados para evitar su agotamiento, depredación y/o extinción total.

Para disminuir el impacto de su uso y/o ventas desmedidas de los recursos naturales no renovables, los industrializaremos.

La industrialización masiva y con equipos de última generación de los recursos naturales renovales será una de nuestras principales metas.

↑ Materia Prima

La transformación de la materia prima no debe ser de acuerdo a imposiciones o intereses de particulares o por intereses de los mandamases del partido en función de gobierno, sino de acuerdo a proyecciones de políticas de Estado basadas en el inventario de nuestras materias primas, con proyección económica de la oferta/demanda en el mercado nacional e internacional.

↑ Hidrocarburos

Perfeccionaremos la nacionalización para que nuestros hidrocarburos se vendan con valor agregado.

Vea el Anexo "**Nacionalización del gas**"

↑ Minería

No más exportación de nuestros minerales como materia prima. Daremos lugar a la inmediata industrialización, incentivaremos a empresas nacionales e internacionales a montar industrias en sociedades mixtas (Estado y particulares) para darle valor agregado a nuestros minerales.

↑   Bosques

No sólo cuidaremos la integridad natural del medioambiente, sino que aplicaremos políticas para mejorar nuestros bosques naturales.

↑   Lagos y ríos

Se debe crear unidades para el cuidado permanente de nuestros ríos y lagos, de tal manera que los mismos sirvan para mejorar el medio ambiente, la vida de los habitantes que viven en el lugar o en cercanías y para la actividad turística.

En función a lo expuesto y conforme los mandatos constitucionales todos los recursos naturales (minerales, metales, hidrocarburos, bosques, ríos, etc.) pertenecen a todos los bolivianos, por consiguiente su explotación y los beneficios de la misma tienen que beneficiar por igual a todos los departamentos.

No más departamentos pobres ni ricos. Todos los departamentos deben beneficiarse de las riquezas de Bolivia.

Para una correcta distribución de beneficios se repartirán de acuerdo al número de habitantes y a las necesidades prioritarias que tenga cada departamento, especialmente en salud, educación y desarrollo agrícola e industrial.

PRODUCCIÓN CIENTÍFICA Y TECNOLÓGICA
No más pérdida del tiempo estatal en inútiles discusiones políticas.

10.16. Producción Científica

Se creará laboratorios para estudios de nuestra abundante fauna vegetal en los campos Genético, Biológico y Farmacéutico; además de ingresar en la neurociencia con uso de la inteligencia artificial.

Nos especializaremos de tal manera que, debido a la inmensa variedad y riqueza de flora y fauna con la que cuenta nuestro país, llegaremos a ser el centro mundial de producción farmacéutica, biológica y genética.

Producción de nanotecnología, inteligencia artificial, robótica, electrónica, etc.

Conformando sociedades mixtas (Estado/privados), y aprovechando la existencia de recursos estratégicos, fabricaremos productos requeridos por la modernidad y necesidades mundiales; es decir ingresaremos al mundo de la producción de nano y micro componentes para la industria electrónica, biológica, genética, etc.

La industria electrónica y de ordenadores (computadores, celulares, drones, micros, nanos, etc.) es la que mayor ventas y ganancias produce en todo el mundo, por lo tanto, Bolivia ingresará a esta industria. No descartamos la posibilidad de contactar a las grandes industrias de la producción masiva, como ser del automóvil.

También sustituiremos la industria estatal obsoleta, en déficit, innecesaria, por la industria moderna, computarizada y de alta tecnología. Dedicaremos nuestro tiempo estatal a la revolución electrónica en Bolivia la cual en el menor tiempo que sea posible se hará una realidad.

Del mismo modo se innovarán sistemas económicos, agrícolas, tecnológicos, para abaratar costos, por ejemplo, se tendrán laboratorios tecnológicos para que talentos, genios y cerebros bolivianos, encuentren fórmulas para el ahorro de energías (conseguir fórmulas físicas que ayuden a un consumo mínimo eléctrico; mejorar el consumo de gas, gasolina y diésel, etc.). Contamos con la inteligencia y decisión de nuestros talentosos investigadores para que encuentren soluciones para reducir el costo/beneficio, de todo cuanto consumimos en Bolivia, especialmente en el campo de la energía.

11. BOLIVIA ESTATAL: realidad, problemas y soluciones

Realidad y Problemas Estatales

11.1. Sometimiento de magistrados, jueces y fiscales

La CPE señala que la potestad de impartir justicia emana del pueblo boliviano y se sustenta en los principios de independencia, imparcialidad, seguridad *jurídica, (...) y **respeto a los derechos.***

También señala que: ***La jurisdicción ordinaria no reconocerá fueros, privilegios ni tribunales de excepción***; del mismo modo da mandatos exclusivos a las autoridades de la Fiscalía (Fiscal General y fiscales en general): "***El Ministerio Público defenderá la legalidad y los intereses generales de la sociedad, ejercerá sus funciones con los principios de legalidad, autonomía, y jerarquía*** (...)".

Sin embargo, los magistrados, jueces y fiscales, debido a la práctica del **sometimiento** de los Órganos Estatales y de otras instancias institucionales, emiten juicios de valor, sentencias, incluso la toma de decisiones constitucionales, **dependen directamente de las instrucciones del poder Ejecutivo** (de la rosca presidencial y del presidente.)

La justicia, que es sinónimo de libertad, igualdad y pluralismo social y político, en la Bolivia de 2019 se la aplica para perseguir, amedrentar a políticos y autoridades que se encuentren en la oposición, lo mismo que a periodistas, a librepensadores e intelectuales contestatarios y críticos al oficialismo; de este modo, **desaparece** la **independencia**, la **imparcialidad** y la **seguridad** jurídica que deberían practicar los responsables de impartir justicia.

11.2. ¿Por qué magistrados, fiscales y jueces se someten al poder presidencial?

Porque llegan al cargo **NO** por sus méritos académicos y/o judiciales, **tampoco** por su ética y eficiencia profesional, sino porque son seleccionados, luego elegidos por su **alta capacidad de servilismo** a la rosca gubernamental.

Cumplen satisfactoriamente las órdenes e instrucciones de sus amos, porque saben que al cumplirlas, estarán protegidos por el poder para seguir lucrando con sus actos delictivos (extorsión, prevaricato, cohecho, etc.); además de conseguir favores gubernamentales (acomodar a familiares y parientes, a amigos, incluso amantes); o si son descubiertos en algún acto ilícito, ser cambiados a otro puesto de influencia.

El comportamiento servil de todas las autoridades señaladas anteriormente, confirman la regla que tienen los corruptos que están al interior del universo judicial: *si quieres ser seleccionado y luego elegido como autoridad judicial* (magistrado, juez o fiscal), *primero debes demostrar que eres útil (al gobierno), luego debes someterte y llevar a la práctica tu servilismo a favor de los jefes*.

11.3. La opinión del pueblo sobre la conducta de jueces y fiscales

En una encuesta que realizamos, se les preguntó de manera aleatoria a ex jueces, ex fiscales y también a ciertos abogados seniors y juniors, si podían dar un par de nombres de jueces y fiscales honestos y éticos de la gestión del gobierno de Evo Morales. La respuesta fue una sonrisa irónica; luego de la misma, señalaron que son pocos, poquísimos, los jueces y fiscales que hayan sido y/o sean éticos; de la honestidad no dijeron nada.

Consultamos a demandantes y demandados, sus respuestas las resumimos en un par de frases: "Todo proceso judicial **contra los pobres** (económicos, políticos, o de influencias), concluye encarcelando al acusado sin importar que sea inocente; en cambio, todo proceso contra los **poderosos** que disfrutan de privilegios (políticos, económicos, etc.), se queda en el olvido."

Para llevar adelante las investigaciones contra un perseguido político, rápidamente forman abultadas comisiones de jueces y fiscales, tanto del Órgano Judicial como del Ministerio Público, pero para la investigación y juzgamiento de casos de corrupción, delitos penales, civiles, etc., cometidos por los del gobierno, los fiscales y jueces ponen lo mejor de su experiencia y habilidad judicial para que nunca se inicien las investigaciones de rigor; y si las mismas se han iniciado, éstas nunca prosperan. Todas las muertes y represiones cometidas por los gobiernos del pasado, como del actual, ya sea en la fiscalía, sea en los juzgados, siempre tienen el mismo resultado: *"El caso sigue (o está) en etapa de investigación."*

La conducta de todas las autoridades estatales, funciona de acuerdo a su compromiso con el gobierno, y no de acuerdo a los mandatos constitucionales y de las leyes. Al respecto la CPE señala que *la potestad de impartir justicia se sustenta en los principios de* **independencia**, **imparcialidad**, *seguridad jurídica, (...) y* **respeto** *a los derechos.* Por otro lado señala que: *La jurisdicción ordinaria* **no reconocerá** *fueros, privilegios ni tribunales de excepción*; sin embargo, así como el órgano Legislativo se somete a las órdenes del Ejecutivo, las decisiones judiciales de jueces y fiscales dependen directamente de las instrucciones del Ejecutivo (léase rosca presidencial o "Presidium" de los *ilumnati*), especialmente cuando se trata de favorecer al Gobierno y a los políticos y autoridades del oficialismo, y en el lado opuesto se aplica para perseguir, amedrentar y extorsionar a políticos y autoridades que se encuentren en la oposición, lo mismo que a periodistas, contestatarios, librepensadores e intelectuales que son críticos con el oficialismo; de este modo, **desaparece** la **independencia**, la **imparcialidad** y la **seguridad** jurídica que deberían practicar magistrados, jueces y fiscales.

En cambio los que ocupan funciones jerárquicas en el poder gubernamental, gozan y abusan de muchos privilegios judiciales, es decir tiene el "derecho" a no ser detenidos y/o procesados; tienen el privilegio de gozar eternamente de la **impunidad** (*derecho político-gubernamental boliviano* a no ser castigado por la ley, ni siquiera a ser juzgado), lo cual les faculta a delinquir, a ser corruptos, etc., sin ser sometidos a la jurisdicción judicial, puesto que, magistrados, jueces y fiscales, obedientes al gobierno, evitan sancionar (mandar a la cárcel) a los corruptos.

11.4. "Requisitos" para tener protección Judicial

Uno de los principales requisitos para gozar de protección judicial (vinculada a la protección policial) es demostrar servil, sumisa y públicamente obediencia al jefe y a la rosca presidencial; de esta manera se es protegido por el escudo gubernamental del MAS o de la élite gobernante.[19] La otra forma (no gubernamental) es tener el suficiente dinero para que fiscales y/o jueces "pierdan" o dejen en el olvido los expedientes judiciales.

Si por denuncia periodística, por descuido del implicado en actos ilegales (corrupción, malversación de fondos, daño económico al Estado, etc.), por venganza de los mismos del gobierno, se ven obligados a iniciar un juicio contra una autoridad oficialista, el juicio jamás prospera, debido a que la causa del proceso abierto sólo busca *equilibrar* las fuerzas de poder entre los *denunciantes* y el/los *denunciados*, para que así, a su vez, se sigan ocultando los actos delictivos de la clase gobernante; es decir, por los antecedentes conocidos, se podría concluir que *la impunidad de la clase gobernante es el principio doctrinario de todo el sistema jurídico de Bolivia.* Nuestros jueces[20] o **son buenos** (con la clase gobernante) o **son malos** (con los gobernados, especialmente con los *señalados* por el dedo del oficialismo) pero **jamás son justos.**

Las sentencias de los tribunales, incluidas las del Tribunal Constitucional, en temas vinculados al gobierno central o al partido en función de gobierno, sólo favorecen al órgano Ejecutivo; y si por circunstancias estrictamente que escapan a su control, no son favorables al gobierno, las mismas son ambiguas.

11.5. "Elección" de magistrados

El artículo 182 de la CPE señala que los Magistrados del Tribunal Supremo de Justicia serán elegidos mediante sufragio universal, conforme a Ley, destacando que los **postulantes o persona alguna, no podrán** realizar campaña electoral a favor de sus candidaturas, bajo sanción de inhabilitación; los candidatos a magistrados **no podrán** pertenecer a organizaciones políticas; haber desempeñado, con honestidad y ética, funciones judiciales, etc.), sin embargo, los futuros jueces, ayudan a violar la CPE y la Ley, ya que:

- ☐ Su elección no es legítima[21], pues son preseleccionados de acuerdo **NO** a sus conocimientos jurídicos, **tampoco** a su ética y eficiencia profesional, **ni** a su hoja de vida jurídica.

- ☐ Son elegidos de acuerdo **al grado de servilismo** que manifiesten a favor del partido en función de gobierno, o del *jefe*, o de sus adláteres.

- ☐ Los candidatos (por lo general oficialistas⇨, excepto algún ingenuo o alguien que quiere engrosar su currículo), se dan modos para hacer campaña, pero no ante la población electoral, sino ante el *jefe* o ante quienes autorizan "hacer las listas" de los futuros preseleccionados que serán elegidos, siempre con la orden suprema del jefe o de la rosca presidencial, por la Asamblea Plurinacional (cuyos senadores y diputados oficialistas y algún tránsfuga de la oposición), a su vez responde directamente al Ejecutivo.

- ☐ Los seleccionados, es decir los futuros magistrados y jueces, pertenecen al partido oficialista, porque saben que siendo del partido en función de gobierno, aseguran su puesto por seis años.

- ☐ El siempre obviado, incluso olvidado artículo 184[22] de la CPE en su inciso 4, señala: Son atribuciones del Tribunal Supremo de Justicia, juzgar al Presidente o al Vicepresidente del Estado por delitos cometidos en el ejercicio de su mandato. Al respecto, los magistrados, ex profeso y completamente se han olvidado de la existencia y aplicabilidad este mandato constitucional, ya que ni siquiera se animan a recordar su existencia, lo cual demuestra su absoluta dependencia del Órgano Ejecutivo. **En este momento existen tres delitos probados que han sido cometidos por el Presidente y Vicepresidente: el total desconocimiento de los resultados del referendo del 21 de febrero de 2016, el desconocimiento y violación fragrante del artículo 168 de la Constitución Política del Estado y haber participado en las elecciones primarias violando la CPE y las leyes electorales.**

- ☐ El comportamiento de estas autoridades confirman

la regla; su conducta funciona de acuerdo a sus intereses, y no de acuerdo a los mandatos constitucionales, menos conforme al marco jurídico; por consiguiente se concluye que los del Tribunal Supremo de Justicia, tanto en la vida republicana (la de los gobiernos de ayer), como en el Estado Plurinacional de Bolivia (la del gobierno de hoy), **los magistrados no son honestos ni éticos.**[23]

☐   Y los casos denunciados por la prensa, como por las víctimas de la justicia boliviana, señalan infinidad de ejemplos, los más recientes dicen: *los jueces de la **media luna**[24] (la derecha) controlaban el poder de sus departamentos, obedecían ciega y servilmente a los prefectos (gobernadores) de Santa Cruz, Beni, Pando y Tarija, por ello judicialmente le atacaban al gobierno central y a los masistas. Hoy día, esas mismas autoridades, cuando el poder ya está controlado por que ayer eran perseguidos judicialmente, los jueces, actúan con un servilismo más evidente y cínico a favor de los que perseguían ayer.*

11.6. Fiscal General del Estado

El Ministerio Público defenderá la legalidad y los intereses generales de la sociedad, y ejercerá la acción penal pública, ejerciendo sus funciones de acuerdo con los principios de legalidad, oportunidad, objetividad, responsabilidad, autonomía, unidad y jerarquía. (...)

El Fiscal General del Estado se designará por dos tercios de votos de los miembros presentes de la Asamblea Legislativa Plurinacional, convocatoria pública previa, y calificación de capacidad profesional y méritos, a través de concurso público. Señalan respectivamente los artículos 225 y 227 de la CPE.

Como en los casos precedentes, esta normativa constitucional define con claridad las funciones del Fiscal General y de sus subalternos, pero el comportamiento, en la práctica, es similar al de las autoridades de las otras instituciones:

☐   Tanto el Fiscal General del Estado, como los fiscales de materia en lugar de defender a la sociedad, sólo defienden los intereses específicos de quienes tienen control del gobierno, para lo cual actúan con oportunidad, unidad, jerarquía y abuso, y cuando quieren, con extorsión en sus diferentes formas.

☐ Para la designación del Fiscal General del Estado, dejando a un lado los principios de mérito y capacidad profesionales, primero se busca al hombre *ideal* (obediente al *jefe* y que responda a los lineamientos del partido oficialista), para lo cual, más que buscar alta responsabilidad competitiva, ética y compromiso socio-jurídico, se busca sumisión y sometimiento, una vez conseguido esto, se le pide que se presente a la convocatoria pública, simultáneamente, a los diputados y senadores se les ordena procedan a la elección constitucional del Fiscal General del Estado Plurinacional. Los oficialistas de la Asamblea Plurinacional, sólo deben levantar la mano para ratificar la decisión del poder Ejecutivo. Lo de la convocatoria pública, la calificación de capacidad profesional y méritos, y el concurso público, no son mandatos constitucionales que se cumplen a cabalidad, solo son formalidades que se hacen para hacer creer que se respeta la Constitución.

11.7. Procurador General del Estado

Los artículos 229 y 231 de la CPE, señalan que la Procuraduría General del Estado tiene la atribución de defender y precautelar los intereses del Estado. (…) Evaluar y velar por el ejercicio de las acciones diligentes de las unidades jurídicas de la Administración Pública en los procesos que se sustancien ante autoridades jurisdiccionales o administrativas. (…) Requerir a la máxima autoridad ejecutiva (MAE) de las entidades públicas el enjuiciamiento de los servidores públicos que, por negligencia o corrupción, ocasionen daños al patrimonio del Estado. (…) Atender las denuncias y los reclamos de ciudadanos y entidades en los casos en que se lesionen los intereses del Estado. (…) Instar a la Fiscalía General del Estado las acciones judiciales por los delitos cometidos contra el patrimonio público. (…) La designación del Procurador es potestad del Presidente del Estado. (…) La persona designada no debe pertenecer a organizaciones políticas, y debe haber desempeñado funciones judiciales con honestidad y ética. (…) La designación podrá ser objetada por decisión de la Asamblea Legislativa.

La casi nueva figura del Procurador General del Estado es solo figurativa, puesto que:

☐   No se llevan a cabo acciones en defensa de los intereses del Estado, ya que los intereses estatales, previos contubernios y arreglos secretos, se defienden de tal forma que Bolivia paga fuertes indemnizaciones, ejemplo: los pagos que se realizan a las empresas *nacionalizadas*. En cuanto a precautelar al Estado, poco o nada se hace para evitar o impedir riesgos que pongan en peligro los intereses del Estado (desembolsos injustificados a instituciones estatales y no estatales, instalación de fábricas improductivas que trabajan a pérdida, etc.)

☐   Los procesos penales o administrativos contra funcionarios de la Administración Pública no se evalúan ni se vigilan.

☐   Los casos de negligencia y/o corrupción de los servidores públicos (empleados, funcionarios, etc. estatales) que causan daños económicos al Estado y por extensión a los bolivianos, no son requeridos por el Procurador, excepto si se quiere castigar, por lo general, a un contestatario, disidente del partido en función de gobierno, o montar un show político-gubernamental.

☐   Cuando los ciudadanos, las entidades, incluso los políticos de oposición (o de algún miembro despistado del mismo gobierno), realizan denuncias sobre daños económicos y otros a los intereses del Estado, el Procurador General del Estado, si sabe que va a afectar, política o gubernamental, o si va a favorecer a la oposición, o si el denunciante puede adquirir connotación política, **no lo atiende**. Sólo hay gran actividad para hacer cumplir las obligaciones encomendadas al Procurador General cuando hay instrucciones del poder Ejecutivo, o cuando aquél encuentra causa que favorezca al gobierno.

☐   Las relaciones entre el Procurador y los responsables de la Fiscalía General del Estado, pueden ser de amistad, de contenido político, incluso gubernamental, pero no hay insistencia del Procurador para que la Fiscalía General ejecute las respectivas acciones judiciales por los delitos cometidos contra el patrimonio público.

☐ Como en todos los casos de designación, no se respetan los mandatos constitucionales, ya que el Procurador, aparte de reunir los requisitos exigidos por el *jefe*, tiene que estar plenamente identificado con el partido en función de gobierno. Los miembros oficialistas de la Asamblea Plurinacional, incluso sabiendo que el elegido por el Presidente del Estado, puede ser objetado, nunca lo va a objetar; pues el servilismo se impone a los mandatos constitucionales y legales.

Los comportamientos gubernamentales e institucionales son reiterativos en cuanto a defectos, vicios y delitos se refiere, y perjudican al Estado y hacen daño a la Nación boliviana.

11.8. Contralor General del Estado

La Contraloría General del Estado, de acuerdo al artículo 213 de la CPE, se encarga de controlar a las entidades públicas y a aquéllas en las que el Estado tenga participación o interés económico, y está facultada para **determinar** indicios de responsabilidad administrativa, ejecutiva, civil y penal.

Sus atribuciones, según la CPE, están fundadas en los principios de eficacia, eficiencia, legalidad, transparencia, economía, equidad, oportunidad y objetividad.

El Contralor General del Estado (artículo 214 de la CPE) se designará por dos tercios de votos de los presentes de la Asamblea Legislativa Plurinacional. La elección requerirá de convocatoria pública previa, y calificación de capacidad profesional y méritos a través de concurso público.

La Contraloría General del Estado (artículo 217 de la CPE) será responsable de la supervisión y del control externo posterior de las entidades públicas y de aquéllas en las que tenga participación o interés económico el Estado. La supervisión y el control se realizarán asimismo sobre la adquisición, manejo y disposición de bienes y servicios estratégicos para el interés colectivo.

La teorización normativa de la CPE es excelente, pero al igual que en los casos precedentes, la práctica que realiza el Contralor General del Estado es similar a las de las otras instituciones:

☐ El supuesto **control** a entidades públicas y a las que

el Estado tenga participación o interés económico, tanto en el pasado, como en la actualidad, por injerencia o sometimiento, se queda en la teoría, ya que no se conocen casos en que se haya encontrado responsabilidad en ninguno de los cuatro niveles de acusación: penal, civil, ejecutivo o administrativo. Y donde casi nunca interviene es en las universidades públicas, de las cuales existen denuncias persistentes sobre malversación de los recursos económicos universitarios.

☐ Los principios de legalidad, transparencia, eficacia, eficiencia, economía, equidad, oportunidad y objetividad, son sólo eso: principios, ya que en la práctica no tienen una aplicabilidad real, eficiente y pública

☐ Para la elección del Contralor no se respeta la normativa constitucional, ya que el mismo es seleccionado a dedo por el *jefe* y los de la Asamblea Plurinacional, sólo debe levantar la mano para ratificarlo según la decisión del Ejecutivo

☐ Existen infinidad de casos de denuncias de sobreprecios, contratos ilegales, etc., en la adquisición de bienes y servicios, pero no hay resultados finales que demuestren la intervención de la Contraloría para que se encuentren indicios de responsabilidad de tal manera que se pida la intervención del Ministerio Público.

Por lo expuesto, la conducta de las autoridades de alta jerarquía no sólo está alejada de los mandatos constitucionales, sino de la ética, moral y honestidad personal, y mucho más alejada del ideal y práctica de patriotismo. Y cuando no hay patriotismo los vicios, defectos y delitos estatales, se reiteran y perjudican al Estado y hacen daño a la población.

11.9. Selección y elección de senadores y diputados

Los candidatos a diputados y senadores no son seleccionados de acuerdo a sus méritos, profesionalismo, conocimientos legislativos, etc., además **no son elegidos** por los militantes del partido o propuestos por entidades honorables.

Son postulados (**impuestos**), sea por el **aval** del *jefe* del partido (que es, por lo general, el candidato a Presidente), o por los del círculo cerrado del *jefe* (la rosca del partido).

☐   La **representación política no existe.** En su lugar, por un lado se impone, en especial, en el caso del MAS, la *selección* de candidatos **obedientes, sumisos y serviles** (caso de dirigentes de la COB, de sindicatos y de movimientos sociales) o candidatos "invitados" (personas destacadas en algún ámbito con ambiciones políticas, o "amigas/amigos" de los hombres influyentes del partido); y por el otro, candidatos que compran su candidatura para estar dentro la "franja de seguridad" (cálculo que se realiza de acuerdo a la preferencia del electorado respecto al partido en ciudades y departamentos).

Ese es el procedimiento de la *selección* y *elección partidaria* de los candidatos a senadores y diputados. Por consiguiente:

☐   La (supuesta) práctica democrática de la **representación política** en la realidad eleccionaria, **desaparece.**

☐   En su lugar, por un lado se impone la *selección* **de obedientes y sumisos** candidatos, y por el otro, candidatos que compran su candidatura.

A dichos candidatos a diputados y senadores ¿Quién los conoce? ¡Nadie!

Debido a la forma cómo llegan a ser seleccionados (luego por inercia elegidos), su conducta como diputados o senadores, es de absoluto servilismo y sumisión al *jefe* y/o a la rosca del partido; de esta manera dichos asambleístas se olvidan (o no saben) que deben elaborar leyes, revisar, interpretar aquellas leyes en conflicto o que perjudiquen al Estado, a la sociedad, etc. Ignoran que deben controlar y fiscalizar a los órganos del Estado, en especial al Ejecutivo, y a las instituciones públicas. Tienen miedo (o no saben) fiscalizar y controlar las empresas públicas, en particular, cuando éstas son denunciadas por actos de corrupción, daño económico, etc.

CONSTITUCIONALIDAD Y POTENCIAMIENTO DE LAS FF.AA.
11.10. Las Fuerzas Armadas (FF.AA.)

Las Fuerzas Armadas tienen por misión fundamental defender

Jaime Mendoza Buitrago

y conservar (...) y asegurar el imperio de la Constitución (...) participar en el desarrollo integral del país (...), esto según el Artículo 244 de la CPE. Por su parte el artículo 245, señala que: las Fuerzas Armadas no delibera (...) y no realiza acción política (...). El artículo 247, señala que ningún extranjero ejercerá mando en las Fuerzas Armadas. El artículo 249 obliga a que todo boliviano preste el servicio militar.

Como en los otros órganos, en las FF.AA. se manifiestan la abyección constitucional del obediente sometimiento al órgano Ejecutivo, ya que:

☐ No se conoce manifestación alguna respecto a la defensa del imperio de la Constitución por parte de los miembros de las FF.AA.

☐ Las FF.AA. más que defender la seguridad y estabilidad del Estado, y/o la soberanía de Bolivia, siempre han defendido, tanto al gobierno de turno, como al *jefe,* incluso disparando contra el pueblo.

☐ Las FF.AA. reciben enormes cantidades de dinero del Estado, pero no para que Bolivia se convierta en potencia militar como lo fuera a mediados del siglo XIX (Vea el Anexo: *"Génesis de la invasión anglo-chilena"*), sino para que el gobierno de turno tenga protección armada; es decir contar con un ejército que lo defienda sin importar que el gobierno viole la Constitución o el honor y los postulados constitucionales de las mismas Fuerzas Armadas de Bolivia; de esta manera, las FF.AA., en lugar de tener un capitán general, tienen a un *jefe* supremo a quien sumisamente le obedecen.

La voz oficial de las FF.AA. es su Comandante en Jefe de las Fuerzas Armadas quien, para conseguir y mantenerse en dicha comandancia, delibera y realiza acción política brindando públicamente, mediante conferencias de prensa, organizadas por la respectiva instancia del Ejecutivo, su **apoyo incondicional** al *jefe* (Presidente de Bolivia). Sólo citaré un ejemplo de los cientos que existen: *"El comandante en jefe de las FFAA, almirante Armando Pacheco, dijo que su institución apoya decididamente las políticas que ejecuta el Gobierno de Evo Morales. El jefe militar, du-*

rante su discurso, destacó el "proceso de cambio" y el "sumaj qama-ña" (vivir bien), además de la labor de los líderes indígenas Tupac Katari y Bartolina Sisa para la independencia de Bolivia".

◻ En la época del general Barrientos (1964) se crea el *Pacto Militar-Campesino*, para así contar con unas FF.AA. obedientes a un poder político de inclinaciones totalitarias, y por el otro lado contar con sectores sociales leales. Respecto al actual gobierno, en las redes sociales, como en la prensa se destaca que: *hace pocas semanas, los comandantes participaron en una verbena del MAS y bailaron "viborita-chis-chis-chis", con orejitas y todo, en el Palacio Quemado, vestidos con uniformes coquetos. Las guirnaldas que los comandantes de la institución tutelar de la Patria lucieron en el congreso del MAS, con mucho orgullo, como lo dijeron después, fueron solamente un detalle. Y llegaron a decir, por escrito, que asisten al congreso porque **estaban agradecidos** con el partido del presidente. No mencionaron cifras, pero fueron muy efusivos en su agradecimiento al MAS.*

Los conscriptos (*soldaditos*) en muchos casos se convierten en un brazo extensivo de los privilegios de los militares graduados, por ejemplo:

◻ A los militares, incluso civiles, que tienen sus movilidades (autos, vagonetas, etc.) les sirven de **agentes de tránsito especiales** ya que en las puertas de los cuarteles, se destinan a un par de soldaditos para que detengan a los conductores civiles, y de esta manera el distinguido militar (o civil que trabaja en las FF.AA.) goce del privilegio de entrar y salir del cuartel, o de su casa, cual si fuera la primera autoridad de Bolivia. Aparte de usurpar funciones (a la policía y a los agentes municipales), violan los derechos de los ciudadanos comunes.

◻ Por otro lado, se tienen a conscriptos (*soldaditos*) que cuidan los *negocios* oficiales de los militares: (unidades educativas, universidades, academias de lenguas, etc.) En las puertas de las unidades educativas, por ejemplo, tienen a sus **agentes de tránsito especiales** para que los hijos de los militares se privilegien con el trabajo ad honoren de los soldaditos.

Los comandantes de las FF.AA., sabiendo que cientos, quizás

miles de unidades educativas públicas necesitan que sus alumnos gocen de protección para el ingreso y la salida de los estudiantes, deberían enviar, no sólo a los conscriptos, sino a los miles de oficiales con que cuentan para brindar protección y seguridad a nuestros estudiantes.

Respecto a la venta de servicios (TAM, RIBB, etc., Transporte Aéreo Militar y Registro Internacional de Buques Bolivianos, respectivamente) de parte de las FF.AA., existen muchos interrogantes que, por falta de respuestas transparentes, nos llevan a tener dudas sobre el manejo de las mismas. Las autoridades mandadas por ley (Contralor General de la República, diputados, senadores, etc.), evaden intervenir en la fiscalización (¿miedo, complicidad, indiferencia?) razón por la que la corrupción en las FF.AA. pasa casi desapercibida. Vamos a tomar sólo el caso sobre el RIBB.

11.11. ¿Qué es el Registro Internacional Boliviano de Buques (RIBB)?

El RIBB es un Organismo Técnico dependiente del Ministerio de Defensa que persigue a través de su Política Exterior de ejercer su derecho de hacer uso del mar y su cualidad marítima en todos los mares del mundo. El RIBB se encarga del registro de inscripción de buques y artefactos navales, privilegios marítimos, hipotecas navales y de embargos preventivos, así como de certificados de refrendo de la tripulación, en aguas marítimas y fluviales internacionales; "en condiciones que garanticen una navegación segura y de protección del medio."

La prensa respecto al "trabajo" que realiza el RIBB, señala:

"INCERTIDUMBRE | El domingo 22 pasado, agencias de noticias de Israel informaron que el barco "Mariam" **con bandera boliviana**, *no logró zarpar desde el Líbano para intentar quebrar el bloqueo israelí* **Gobierno calla sobre el barco retenido en Líbano** *Las autoridades gubernamentales no han confirmado o rechazado, hasta el momento, la información sobre el barco "Mariam", con bandera boliviana, que no pudo zarpar el domingo 22 pasado de Líbano, Trípoli (...).*

Pese a los reiterados pedidos de una entrevista o un reporte oficial al Ministerio de Defensa para confirmar o descartar esta información sobre la presencia de un barco libanés con registro boliviano, razón por la cual llevaría la tricolor nacional, Los Tiempos no obtuvo ninguna respuesta.

De acuerdo al listado de buques inscritos en el Registro Internacional de Buques Bolivianos (RIBB), dependiente del Ministerio de Defensa, entre los 67 buques registrados figura uno con el nombre de "Mariam". (…) Israel pidió al Líbano en un comunicado que detuviera la salida del "Mariam", porque este proyecto tenía como fin provocar y "asistir a un grupo terrorista que sólo quiere dañar y asesinar a los ciudadanos israelíes", en referencia a Hamás. Según la Agencia Judía de Noticias, el barco en cuestión, "el que estuvo a punto de desafiar el bloqueo israelí con todo lo que ello puede llegar a implicar en términos diplomáticos e incluso bélicos, no era un barco perteneciente a uno de los países involucrados en los conflictos del Medio Oriente sino uno de bandera boliviana".

El presidente del Círculo Israelita de Bolivia, Ricardo Udler, manifestó que por la connotación que puede tener la presencia de un barco con "bandera boliviana" y su intención de romper el cerco, el Gobierno de Bolivia debería oportunamente confirmar o descartar que se trate de una embarcación que porta una bandera boliviana.

11.12. El Servicio Militar Obligatorio

Si bien los artículos 108 y 249 de la CPE señalan: "Son deberes de los bolivianos (12) Prestar el servicio militar, obligatorio para los varones. (…) Todo boliviano estará obligado a prestar servicio militar, de acuerdo con la ley", los conscriptos (los **soldaditos**, como cariñosamente se los conoce) no están obligados a salir a la calle y reprimir al pueblo, y muchas veces incluso llegan a matar a manifestantes que pueden ser familiares o parientes o amigos de los conscriptos. Al respecto el gobierno como las mismas FF.AA., por mandato legal no deben sacar a las calles a los soldaditos, y si las FF.AA. están obligadas a salir a las calles para cumplir su mandato constitucional, en cuanto se refiere a la seguridad interna, siempre y cuando la Policía sea rebasada, deben salir los militares profesionales. Recordemos que los conscriptos cumplen con el servicio militar obligatorio

para servir a la patria, y no a los gobiernos de turno y/o a los militares al servicio del partido en función de gobierno.

11.13. Sometimiento de las Fuerzas Armadas

La Constitución Política del Estado señala: "Las Fuerzas Armadas tienen por misión fundamental defender y conservar la independencia, seguridad y estabilidad del Estado, el honor y la soberanía del país; **asegurar el imperio de la Constitución (...)** **"no delibera** y está sujeta a las leyes y a los reglamentos militares. Como organismo institucional **no realiza acción política**"; pero, por la acción sumisa de sus comandantes, las Fuerzas Armadas, dejando a un lado los mandatos constitucionales, también se han sometido a la rosca presidencial.

LA POLICÍA BOLIVIANA

11.14. La Policía Boliviana

El artículo 251 de la CPE señala que la Policía Boliviana, como fuerza pública, tiene la misión específica de la **defensa** de la sociedad y la **conservación** del orden público; y como institución, no delibera ni participa en acción política partidaria.

Los policías, en los países donde la cultura de protección ciudadana y el cumplimiento de los mandatos constitucionales, son una práctica cotidiana, son respetados, por lo tanto, cuando un policía se les acerca, el ciudadano se siente protegido, en cambio en Bolivia los policías, en lugar de generar respeto, generan miedo y rechazo: *Cuando veo que se me acerca un policía, me da miedo, pues en ese momento me siento desprotegido.*" Dice por lo general la gente.

La Policía Boliviana que tiene la misión de **defender** a los vecinos de la ciudad y del campo, a los del oriente y del valle, como de la Amazonía y del altiplano, no cumple su mandato constitucional, porque en lugar de obedecer a la CPE, obedecen las órdenes de los políticos y jefes del partido en función de gobierno. Los ejemplos redundan al respecto, la prensa señala: *"Unos mil policías protegen a las ciudades de La Paz y El Alto. (Ese es todo el personal con el que cuentan las unidades policiales).*"

"Unas 50 autoridades gubernamentales todos los días son protegidas por más de mil policías. La seguridad personal del Ministro de Gobierno está en manos de 10 policías. Un número similar está destinado a cuidar a su familia y sus oficinas. (En la acera del poder, más de 1.000 efectivos, en su mayoría oficiales altamente calificados, acompañan a unas 50 autoridades a todos los actos sociales a los que deben asistir, además de proteger sus hogares, oficinas y familiares)."

"En la capital paceña, 'Radio Patrullas 110' tiene 114 efectivos y la FLCC sólo tiene 120."

Tenemos a los policías que brinda seguridad, pero no a los ciudadanos que más necesitan, sino a los que pagan y a las autoridades que ocupan puestos altos. El problema de los policías del *Batallón de Seguridad Física*, no radica en esas aberraciones, sino que dichos policías, en unos casos se convierten, voluntariamente o no, en una especie de empleados domésticos, en otros en mensajeros, en porteros, hasta en "chicos de mandados; pero hay de los peores, son aquellos que asumen el rol de los responsables de los lugares que cuidan y se convierten en prepotentes "amos" del lugar.

Los policías que, en teoría son los encargados de combatir la delincuencia y de hacer respetar las leyes, son los que más la violan; por esta razón, la prensa, lo mismo que la opinión pública, por lo general siempre han calificado a la Policía como la institución más corrupta de todo el sistema estatal de Bolivia. Al respecto existen múltiples ejemplos denunciados por la prensa, o que son de conocimiento público. Tenemos casos desde el agente de parada que aplica los famosos artículos 10, 20 o 50 que, traducido al lenguaje económico, significa 10, 20 o 50 bolivianos de coima para evitar una boleta de infracción, o sino pagas la multa serás conducido a dependencias de Tránsito, donde te van a pedir una coima más elevada. También tenemos los casos de los policías que están en ronda, quienes se dedican más que a brindar seguridad ciudadana, a buscar a probables infractores, para amenazarles y de ese modo sacarles multas. Pero esos sólo son casos minúsculos, comparados por los que cometen los de la plana mayor (comandantes, generales, coroneles, etc.). La Policía Boliviana ha llegado a tal grado de degradación que los futuros policías (los postulantes a la Academia de Policías) antes de ser admitidos ya muestran un alto grado de corrupción ya que pagan sumas elevadas para "pasar" los exámenes de admisión; y también se conocen declaraciones de reos que en sus tertulias carcelarias, señalan que muchos delincuentes, para no ser "pescados" en sus actos delictivos de una o de otra forma han ingresado a la Policía Boliviana.

11.15. Policías al servicio de la represión gubernamental

Los **policías**, por diversas razones, en lugar de cumplir estrictamente el mandato constitucional del artículo 251, en todos los gobiernos y, de manera especial, en el actual, se han convertido en uno de los mejores instrumentos de represión contra el pueblo y contra los opositores al gobierno de turno.

Son los policías que, con desmedida violencia (muchas veces hasta con arrolladora ferocidad), siempre han defendido a los gobiernos dictatoriales o demócratas que han impuesto tiranías autoritarias y criminales, sean de izquierda o de la derecha. La policía siempre ha sido el mejor instrumento represor de cada gobierno.

☐ **Ayer** (era de los "neoliberales") la prensa señala que "una sorpresiva acción policial con más de una centena de policías fuertemente armados y dirigida personalmente por el comandante de la Policía Departamental, coronel Eduardo Guayar, arrasó con la sede de la Federación de Campesinos del Chapare, donde los cocaleros, en medio de gritos, llantos de niños, desesperación de mujeres y hombres, en unos casos se protegieron en los rincones del galpón de reuniones, en otros, intentaron ocultarse en algunas oficinas y otros escaparon, saltando una pared. A los que no pudieron escapar, entre ellos mujeres y niños, hasta ancianos, los uniformados les obligaron a echarse en el suelo, mientras repartían golpes con laques. Los "dálmatas" se encargaron de romper puertas de oficinas, escritorios, teléfonos y otros bienes de la sede sindical. Se llevaron documentos, disquetes, linternas, banderas y otros materiales de oficina. Los dirigentes (hombres y mujeres) fueron arrastrados por el suelo hasta la calle e introducidos violentamente en camionetas de la Prefectura. Varios de ellos estaban sangrando de sus cabezas y caras. Incluso los policías ingresaron a un restaurante de al lado y a quienes estaban en el lugar emprendieron a golpes."

☐   **Hoy** en la era de los "socialistas" del MAS, los mismos que ayer sufrieron las violentas crueldades de los policías, dan órdenes a los mismos policías (que ayer los apalearon, gasificaron incluso asesinaron) para que la violencia y crueldad de ayer, siga vigente hoy; al respecto el dirigente Felipe Quispe, el Mallcu, públicamente ha declarado en radio Panamericana (26-6-1019): *"Este gobierno es asesino. El Evo Morales a quien creíamos que era nuestro hermano, es un carnicero, mata a nuestros hermanos, es un verdugo"*- Concerniente a las muertes, se tiene conocimiento que los del servicio de inteligencia (vea el anexo: *"La Agencia"*) controlado por los de la rosca presidencial y los asesores cubanos, infiltran a sus hombres para que cometan asesinatos premeditados y no sólo de los contestatarios al gobierno, sino a los propios policías para así tener suficientes "pruebas" para acusar, perseguir y encarcelar a los opositores. Del trabajo sucio se encargan los denominados "gatillo fácil" quienes son conocidos por la misma Policía pero que nunca son denunciados, menos juzgados. El último caso que tuvo resonancia periodística es el de la muerte del universitario Johnatan Quispe asesinado por un policía durante una manifestación.

11.16. Abusos y delitos cometidos por policías.

Todo aquel conjunto de delitos, por lo general, lo sufren los más desprotegidos, los más necesitados, los pobres y los ciudadanos comunes; y cuando estos abusos y delitos se cometen por parte de los policías contra los ciudadanos de a pie, no hay fiscales ni jueces que juzguen y castiguen a los culpables; sin embargo, cuando un ciudadano es acosado, abusado y/o violentado pou la Policía, y el ciudadano se defiende verbalmente haciendo uso de sus derechos, la misma Policía o algún fiscal o juez inmediatamente proceden a inculpar, juzgar y condenar a ese ciudadano que ante el poder policial siempre estará en desventaja..

Otro de los grandes problemas de la inseguridad ciudadana se manifiesta debido a la permanente ausencia policial en todo el territorio de Bolivia, especialmente en los barrios marginados y en poblaciones de gente que vive en pobreza o en extrema pobreza[25].

Lo anterior conlleva a que los crímenes queden, en unos casos en el anonimato, y en otros en simples denuncias, puesto que el sistema gubernamental, hace poco, casi nada, para ayudar a las víctimas, o familiares. Por ejemplo cuando una víctima, o quien la representa, acude a las instancias policiales y/o judiciales, lo único que logra es frustración, por los siguientes causales:

☐ A la actuación corrupta o negligente del:
   ✓ Agente policial asignado al caso
   ✓ Fiscal
   ✓ Juez,
   ✓ Abogado que atiende el caso
☐ Se expone a que su caso sea público, luego publicado en la prensa sensacionalista.
☐ A que no lo sancionen al o a los culpables.
☐ A que se agrave la situación del denunciante por represalia del o de los denunciados o de las autoridades que son compradas por el o los culpables.

Y los crímenes no sólo lo cometen los delincuentes o aquellos que tienen ciertas desviaciones mentales o pasionales o ciertas autoridades con poder político, policial o gubernamental, sino los cometen personas corrientes, quienes recurren a la criminalidad como recurso de solución a sus problemas, debido a la falta de valores familiares, a la falta de orientación psico-social, y a la total ausencia del Estado en cuestiones de seguridad ciudadana externa (en las calles) e interna (en los hogares, trabajos, etc.).

11.17. Los cocaleros del Chapare "intocables" para la Policía

Tan visible y descarada es la dependencia policial respecto al gobierno que extienden su dependencia a los protegidos del MAS: los cocaleros del Chapare, pues, durante un operativo en el Chapare (zona cocalera), donde participaron unos mil policías para detectar a delincuentes, decomisar autos chutos, etc., el Comandante de la Policía **dio una conferencia de prensa un día antes del operativo policial** (aviso anticipado a favor de la delincuencia, especialmente la vinculada a las drogas). No conforme con ello, al día siguiente, por la madrugada, cuando ya se encuentran en el Chapare, el Comandante da la orden para que el operativo se inicie recién la noche del sábado. De esta manera el operativo policial es anunciado por todas las radios del Chapare que durante todo el viernes y el sábado no sólo informan que va a haber un operativo policial, sino que alertan a los delincuentes para que se pongan a resguardo y que los dueños de los vehículos ilegales oculten sus motorizados, etc.

Todos quedan contentos: por un lado el Comandante de la Policía que sonríe porque el *jefe* supremo le premiaría con la ratificación en su cargo, y también los delincuentes ligados al narcotráfico, al contrabando de vehículos ilegales, a la prostitución, etc. Los únicos que quedan asombrados, somos los gobernados, y la prensa nacional y extranjera.

11.18. Comportamientos reflejos

En Bolivia constitucionalmente está prohibida la pena de muerte[26], pero ésta, se la ejecuta, sin juicio y de manera violenta, directa y, más de las veces, salvajemente, mediante los linchamientos[27]. Y por lo general, los culpables de estas ejecuciones, casi nunca son procesados; y cuando el ministerio público trata de abrir un proceso, los linchadores, recurren al silencio colectivo; y cuando se trata de comunidades campesinas, se protegen interpretando a su manera y sui generis lo estipulado en la constitución respecto al ejercicio de sus funciones jurisdiccionales.[28]

Debido a la ausencia y falta de políticas de Estado acorde con la realidad, idiosincrasia y necesidad de los gobernados, como también por la falta de educación conductual en lo moral y jurídico, una parte masiva de la sociedad boliviana, obra de acuerdo a sus reacciones primarias recurriendo al asesinato colectivo que se repite casi en todo el territorio del Estado Plurinacional. En Bolivia existen diferentes tipos de linchamientos; al respecto, la historia registra algunos casos del siglo XIX y del siglo XX.

11.19. Casos de linchamientos (asesinatos) en pleno siglo XXI

En Bolivia se practica asiduamente la *justicia comunitaria*, y el Estado casi nunca investiga y/o sanciona estos actos delictivos. Los comunitarios, por un lado, y los grupos sociales que se sublevan para llevar adelante actos de linchamiento, proceden de esta manera porque no hay presencia del Estado en los territorios donde se cometen estos actos delictivos; y estos linchamientos por parte de la *justicia comunitaria* se da ipso facto. En Bolivia no existe (la pena de muerte), pero se la aplica de manera discriminada en las comunidades del campo:

☐   Las comunidades agrarias, por adulterio o delitos comunes, se despachan cada tanto con ejecuciones sumarias que el gobierno justifica por falta de normas.

☐   En una comunidad a las faldas del Illampu mataron a seis jóvenes supuestamente responsables del robo de ganado y asesinatos.

☐   Uno de los casos que consternó a la sociedad, por sus características, fue el ajusticiamiento del ex alcalde de Ayo Ayo Benjamín Altamirano. La autoridad fue linchada y quemada.

☐   El mallku de la comunidad Charcas Kara Kara, en la provincia Bustillos (Potosí), Victoriano Mamani, explicó que, cuando identifican a un ladrón lo "chicotean hasta que confiese". Aunque asegura que la pena de muerte está fuera del alcance de la justicia comunitaria, reconoce que en algunos casos "las bases" rebasan a los dirigentes, entonces se aplica la muerte.

☐   Hace tres meses, en el norte de Potosí fue enterrada viva una mujer acusada de cometer adulterio. El caso no llegó a la justicia ordinaria y el esposo así no más se ha quedado.

☐　　　El diputado del MAS y dirigente campesino Hilario Callisaya, relató que, cuando era niño, vio cómo mataron a un campesino por causa de la justicia comunitaria. Los hermanos[29]... dijeron que esta persona nunca se va a corregir y decidieron eliminarlo", señaló y afirmó que a partir de estos "escarmientos" no se vuelven a presentar casos de este tipo.

☐　　　El fiscal Tifón Romero informó que en la comunidad del ayllu Chullpa, en el norte de Potosí, se registró un asesinato. El supuesto asesino a la fuerza y de manera violenta fue sacado de la Policía y lo llevaron a oficinas de la comunidad en Llallagua. Ahí le hicieron admitir que él había asesinado a su esposa; entonces le aplicaron la justicia comunitaria: le prendieron fuego. Cual si fuera una antorcha humana, huyó de sus captores, quienes corrieron detrás de él, lo agarraron y terminaron de matarlo ahorcándolo.

☐　　　En la comunidad de Humanata un hombre fue sorprendido robando carretillas y palas. Los campesinos decidieron aplicar la justicia comunitaria y, luego de arrastrarlo por lo menos unos 500 metros, lo colgaron en un puente, informó el fiscal de El Alto, Gregorio Blanco. El cuerpo del infortunado hombre fue enterrado en los propios terrenos de su madre. Los familiares de la víctima denunciaron al caso ante las autoridades correspondientes y se inició una investigación que tropezó con un hermético silencio de los comunitarios.

Estos casos revelan que en Bolivia rige la pena de muerte comunitaria y barrial, la cual se aplica sin ley, ni proceso. Y cuando se intenta intervenir contra los criminales (linchadores), éstos, se protegen con la famosa *justicia comunitaria*, ya que la misma se la aplica por uso y costumbre y por *mano propia* en las comunidades.[30] Felipe Quispe, ex dirigente campesino, ex diputado y dirigente de la comunidad Ajaría Chico (Omasuyos), dijo que **la pena de muerte** llega cuando la víctima no enmienda su conducta a pesar de una primera reflexión y una segunda, seguida de chicotazos. *"Hay momentos en que se los echa de la comunidad* *y otras veces es la pena de muerte, puede ser aniquilado, ahorcado más que todo*"; además señaló que *"aquí (en las comunidades campesinas) no manejamos (no respetamos) la Constitución Política del Estado, ni el Código Penal, aquí no sirve nada de eso"*, en coincidencia con Callisaya, quien asegura que "los casos extremos" se dan cuando una persona "está contaminada" y no puede rehabilitarse.

El viceministro de *Justicia Comunitaria*,[31] Valentín Ticona, antes de ser autoridad de Gobierno, fue líder en *Justicia Comunitaria*, junto a otras autoridades determinaban el destino de una persona acusada de alguna falta (si se lo libraba o mataba). El viceministro Ticona justifica la presencia de estas prácticas porque durante "500 años este sistema de *justicia comunitaria* ha sido... funcionaba así (con la aplicación sui generis de la pena capital)".

11.20. La violencia social y/o política

La conducta negativa de los gobernantes, cuando no se manifiesta a través de la represión estatal (gasificaciones, bastonazos, golpes y patadas policiales, disparos con balines de goma, incluso canicas de cristal y/o balas reglamentarias), se la expresa utilizando el servilismo gubernamental de los dirigentes sindicales, quienes, obedeciendo órdenes gubernamentales, y aprovechándose de la ingenuidad, o la pobreza económica de las bases,[32] a fin de atemorizar, neutralizar y/o acabar con los enemigos y/o rivales del gobierno de turno, los inducen a enfrentarse a otros grupos y/o sectores sociales, provocando muertos y heridos. Los ejemplos abundan al respecto, pero sólo tomamos, aleatoriamente, un par de ellos:

☐ "Un grupo de jóvenes afines al MAS intentaron ayer tomar las instalaciones de la red televisiva **Unitel** en Cochabamba con el argumento de que los medios de comunicación '**son vendidos a la oligarquía, que desinforman e inducen a la confrontación, por lo cual deben ser acallados y sus emisiones cerradas'**. El hecho se dio a las 13.00, cuando una decena de jóvenes que se **hicieron pasar por universitarios, atacaron** las instalaciones de este medio de comunicación, para posteriormente intentar ingresar por la fuerza. (…)

☐ La polarización que enfrenta el país producto de la crisis política y social ha provocado que se organicen grupos de choque dispuestos al enfrentamiento, unos en defensa del Gobierno y otros en su contra. Este medio identificó al menos a seis de ellos:

☐ Los Ponchos Rojos: El alcalde de Achacachi y poncho rojo, Eugenio Rojas[33], encabezó el linchamiento de dos animales: tras los gemidos de dolor de los dos perros que fueron amarrados con gruesas sogas del cuello y luego colgados en el travesaño de un arco de fútbol, golpeados brutalmente y posteriormente degollados, los llamados Ponchos Rojos advirtieron a los opositores del Gobierno que **así les irá** si amenazan si no aceptan los resultados de la Asamblea Constituyente del MAS.

☐ En Santa Cruz, la **Unión Juvenil Cruceñista** protagonizó una serie de enfrentamientos violentos contra grupos oficialistas por la Asamblea Constituyente y las autonomías. El presidente de este grupo, David Sejas, dijo que dichas acciones y actitudes fueron en defensa de su departamento: nos defendemos con todo y vamos a defender nuestra tierra. Sejas advirtió que "esperamos no utilizar armas ante todas las agresiones de este Gobierno (el MAS)".

☐ La Federación Universitaria Local (FUL) de la Universidad San Francisco Xavier, de Sucre, se enfrentó el 2007 a los grupos sociales del MAS para reivindicar su demanda de capitalidad plena[34] para Sucre. En los conflictos murieron tres personas, pero eso no terminó con la molestia. El presidente de la FUL, Antonio Mendoza, señaló que con el accionar del Gobierno "nos están obligando a actuar, la gente está molesta y la verdad en Sucre **se están formando grupos** para querer hacer algo por la rabia y la impotencia".

☐ **Acción Joven Tarija**, que nació como una agrupación para luchar contra la pobreza, organizó en esa región la resistencia contra el texto constitucional aprobado por el oficialismo.

□   Lo mismo pasó con el Comité Cívico Popular de La Paz (paralelo al Comité Cívico de La Paz, al cual le agregaron la palabra "popular"), que fue creado para defender el proceso de cambio del Gobierno, cuyos ejecutivos públicamente manifestaron: "nos defenderemos si nos sentimos agredidos". En diciembre del 2007, centenares de personas, entre ellas del Comité Cívico de Riberalta (Beni), hicieron huir a un avión venezolano que arribó para cargar combustible. Tras el hecho, líderes del lugar afirmaron que no permitirían injerencia de otros países. El ex alcalde de Beni, Jorge Hurtado, informó que no existen grupos de choque, pero ante un peligro "se forman solitos".

12. SOLUCIONES PARA LA REALIDAD Y LOS PROBLEMAS ESTATALES

CONTROLES INSTITUCIONALES

12.1. Defensa Permanente del Estado boliviano

Para defender y precautelar los intereses del Estado, se conformará por Ley, un buffet permanente de profesionales expertos en temas internacionales y nacionales. Este equipo de abogados, economistas, técnicos, etc., será, juntamente con la MAE de la Procuraduría General del Estado, responsable de la defensa jurídica del Estado cuya principal atribución será la defensa de Bolivia ante estrados internacionales. Los componentes de aquél equipo de profesionales deben sr éticos, expertos y con amplios conocimientos sobre materia jurídica internacional.

No más grupitos de amigos ni consorcios de abogados vivos que perjudiquen al Estado haciéndole pagar a Bolivia millonarias sumas de dinero que, evidentemente, entra también a los bolsillos de los falsos defensores de Bolivia.

Las autoridades nacionales cuyo sector esté involucrado en algún juicio que afecte los intereses del Estado, se pondrán a disposición del buffet, y no al revés, como ocurrió en el caso QUIBORAX (Vea el Anexo *"Caso QUIBORAX, el arte de robarle a Bolivia"*).

Toda acción de la autoridad boliviana que favorezca directa o indirectamente a quien o quienes demanden a Bolivia, será declarada como alta traición a la patria y el o los implicados serán juzgados en función de tal delito constitucional, penal y administrativo.

Nunca más casos "Quiborax"

INSTITUCIONAL

12.2. Obediencia y respeto a la Constitución Política del Estado y a las leyes

Los responsables de la defensa de la sociedad y del Estado (Bolivia) (Defensor del Pueblo, Contralor General del Estado, Procurador General del Estado, miembros del Tribunal Constitucional, Tribunal Supremo de Justicia, Órgano Electoral) nunca más estarán al servicio del gobierno de turno, sino estarán obligados a actuar conforme a los mandatos de nuestra Constitución Política del Estado y de acuerdo a las leyes de su sector.

12.3. Postulantes a altos cargos públicos por mandato Constitucional

Todo postulante a los altos cargos constitucionales (Magistrados del Tribunal Constitucional, Tribunal Supremo de Justicia, Fiscal General del Estado, Contralor General del Estado, Defensor del Pueblo y miembros del Órgano Electoral Plurinacional) aparte de los requisitos exigidos por nuestra Norma Suprema, con la única finalidad de que se seleccionen y elijan por méritos, ética y profesionalismo en sus respectivas áreas, obligatoriamente deben someterse a la evaluación personal a través del *Sistema Computarizado Secreto (SiCoSe)*.

Los exámenes de evaluación y calificación de méritos, capacidad, conocimientos y otros aspectos profesionales para la preselección de los postulantes a cargos arriba mencionados se realizarán mediante el *SiCoSe*.

Procedimiento del *SiCoSe*.. Cada postulante, después de elegir un número entre 99, (ejemplo sacó el 44) ocupará la mesa 44; aquí, la computadora le presentará un menú de diez bloques. El bloque que elija contendrá las preguntas que debe responder.

La revisión del examen y de la calificación será automatizada, por consiguiente no podrá alterarse, enmendarse, corregirse ni anularse las respuestas.

Unos minutos después, se conocerán los resultados, los cuales, simultáneamente serán enviados a la Asamblea Plurinacional y se harán públicos en los medios periodísticos y en la WEB estatal.

De esta manera se anularán los favoritismos, 'arreglos´, "venta" de exámenes y otros actos ilegales que puedan perjudicar a los verdaderos profesionales y favorecer a trúhanes que, debido a su incapacidad pueden causarle mucho daño al Estado.

12.4. Creación de la Unidad de Control Judicial

Se debe implementar la *Unidad de Control Judicial* (*UNICONJ*) para ejercer un estricto control en todo el sistema de Justicia (desde los jueces y fiscales, asistentes y otros, hasta el personal administrativo) con el objetivo de detectar actos de corrupción mediante chantajes, negligencia, mala atención a los que acuden en busca de justicia.

Los infractores, en especial si son jueces y/o fiscales, una vez que se determine su responsabilidad administrativa, ejecutiva, civil y/o penal serán sancionados tanto administrativa, como penalmente de acuerdo al grado de culpabilidad, sin perjuicio de presentar, si se diera el caso, querella no sólo ante las autoridades llamadas por Ley, sino ante la respectiva Comisión de la Asamblea Plurinacional de Bolivia; para tal efecto, convocaremos, en compulsa abierta y meritoria, a profesionales de reconocida trayectoria moral e integridad personal, y se creará un equipo de *Fedatarios Jurídicos* (*FeJur*).

Los *FeJur* que en cualquier momento, tal cual fueran simples demandantes, demandados y/o abogados, se presentarán ante jueces y/o fiscales (o ante sus asistentes y/o personal administrativo) para **verificar el comportamiento** de las autoridades y administrativos judiciales y así determinar si actúan ética o corruptamente.

Cuando alguna autoridad, subordinado o administrativo judicial insinúe llegar a los consabidos "*arreglos*" (solicitud y/o entregas de coimas, sobornos, extorsiones, etc.) y/o demuestre visible negligencia jurídica y/o administrativa, o sea descubierto infraganti en actos antijurídicos, ilegales, etc., los *FeJur*, adjuntando la correspondiente filmación y/o grabación, elevarán sus informes al responsable de la *UNICONJ* quien, una vez procesada la misma aparte de subirla al banco de datos de la *UNICONJ* (que estará encriptada, es decir no podrá ser borrada, anulada ni modificada) elevará el o los informes a las respectivas autoridades (Comisión de la Asamblea Plurinacional, Ministerio de Justicia, , Consejo de la Judicatura, Comisión de Fiscales Especiales

–designados por la **UNINPE**, y Colegio de Abogados), para que así, aparte de poner a la autoridad y/o administrativo judicial en la lista de *Autoridades y administrativos judiciales infractores*, sancionarlo de acuerdo a su responsabilidad civil y/o penal.

A todos los jueces y fiscales como al personal de apoyo y administrativos, se les hará conocer la existencia de los *fedatarios jurídicos* y en cada oficina habrá un letrero de advertencia: *"Este usuario* –demandante o demandado, abogado defensor o acusador- *puede ser un FeJur, atiéndalo honesta, legal y éticamente. Evite su destitución y un juicio penal para así evitar terminar en la cárcel".*

NUNCA MÁS EL SOMETIMIENTO DE LOS PODERES ESTATALES
12.5. Protección y defensa de la independencia de poderes

El nuevo gobierno de forma terminante e intermitente restringirá sus competencias y su poder a lo que manda nuestra Constitución; por lo tanto, seremos respetuosos de los mandatos constitucionales. Todas las instituciones estatales deben interactuar entre ellas, pero siempre respetando los mandatos y competencias constitucionales, especialmente en cuanto se refiere a la separación e independencia de poderes.

Habrá un estricto control para detectar interferencias, "solicitudes", insinuaciones, órdenes, amenazas y/o similares que violen los preceptos constitucionales sobre la separación e independencia de poderes de cada uno y de todos los órganos e instituciones estatales.

En lo que respecta a los órganos Legislativo, Judicial y Electoral, no sólo por los mandatos constitucionales, sino por moral y honestidad política se les devolverá la total y completa independencia que les otorga la Constitución; del mismo modo se procederá con las FF.AA. y la Policía Nacional.

El nuevo contrato social entre los cuatro poderes del Estado y el Estado, contendrá absoluta libertad de acción y decisión; la fiscalización de cada ente estatal, será autónoma con un nuevo componente: fiscalización por parte de la sociedad civil, profesional, intelectual y, en especial, de la prensa. Para tal efecto se creará la *"Unidad de Control de Independencia de Poderes Estatales" (UNCIPE)*; de esta manera, el Órgano Ejecutivo se verá obligado a respetar en la práctica cotidiana la separación e independencia de poderes patentados en nuestra Norma Suprema; es decir, los órganos estatales (Legislativo, Judicial y Electoral, lo mismo que las Fuerzas Armadas y la Policía Boliviana) no sólo por los mandatos constitucionales, sino por moral y honestidad institucional, solamente deben someterse al poder de la CPE, de las leyes y del soberano (el pueblo de Bolivia).

INTERNACIONAL
12.6. Política Marítima
El nuevo gobierno debe implementar políticas para crear una amable, moderna y práctica política diplomática para el tema de la reivindicación marítima, para lo cual contamos con un inmenso arsenal histórico y jurídico multilateral debidamente documentado.

Nuestra política de acercamiento diplomático, no sólo logrará la satisfacción de las partes involucradas, sino que a los países participantes nos ayudará a restañar un pasado histórico que, estando ya en pleno tercer milenio, debe tener una solución definitiva y final.

Si bien en septiembre de 2018 la Corte Internacional de Justicia de La Haya ha fallado en contra de la demanda marítima de Bolivia, debido a la política errónea del gobierno del MAS (que se dedicó a insultar y a desafiar a las partes involucradas, en especial al gobierno de Chile, incluso a cuestionar a los mismos miembros de la CIJ), nosotros tenemos la llave de otra puerta que, con el asentimiento de los países involucrados en el tema marítimo boliviano, nos podría llevar hasta el océano Pacífico.

Vea el Anexo *"La nueva estrategia marítima"*.

12.7. Nueva filosofía y política diplomática
Se debe reducir a lo mínimo nuestras representaciones diplomáticas. Se tendrán embajadores itinerantes por continentes; y los cónsules representarán a Bolivia ad honoren.

El dinero ahorrado de esta reducción será destinado al presupuesto de Salud.

12.8. Alianzas internacionales con países desarrollados en lo científico y tecnológico

Se firmará convenios de Alianzas internacionales con los gobiernos cuyos cuerpos policiales se encuentren en la cumbre de la élite policial de todo el mundo, para que la Policía Boliviana adquiera los conocimientos en el uso adecuado de los instrumentos modernos científicos y tecnológicos, e implementarlos en Bolivia y así cumplir satisfactoriamente los mandatos constitucionales para proteger a todos los bolivianos.

CONSTITUCIONALIDAD Y POTENCIAMIENTO DE LAS FF.AA.
12.9. Fuerzas Armadas de élite

Mediante Ley y Referendo, se crearán las Fuerzas Armadas de Élite, para que el rol de nuestras FF.AA. no sólo se modernice, sino que se convierta en un gran pilar de desarrollo estatal, científico y tecnológico de última generación (investigación y producción de, equipos tecnológicos y electrónicos militares, civiles, etc.). Al presupuesto destinado a los conscriptos se le incrementará el presupuesto requerido para todas las innovaciones que se van a realizar en las FF. AA.

El Servicio Militar Obligatorio se transformará en Servicio Militar Voluntario, de esta manera, los conscriptos recibirán formación científica-militar y tecnológica-militar y civil, para que se conviertan en soldados de élite. Y un militar de élite es aquél que en tiempos de paz (recordemos que nuestra CPE en su artículo décimo señala que *Bolivia es un Estado pacifista, que promueve la cultura de la paz y el derecho a la paz*) demuestra su alta capacidad militar como profesional productivo en los ámbitos militares, estatales y civiles.

En las Fuerzas Armadas se formarán a los bolivianos mejor preparados del país; la excelencia profesional de las nuevas generaciones de bolivianos con elevado y digno sentido de Patria, deben surgir del interior de las Fuerzas Armadas de Élite

(FF.AA.E.)

Las Fuerzas Armadas, conforme a los mandatos constitucionales, gozarán a plenitud de la independencia de los otros poderes del Estado.

El capitán general de las FF.AA., restringirá su mandato militar, sólo a lo que manda la Constitución Política del Estado.

Cuando las FF.AA., por órdenes de su capitán general (el presidente de Bolivia), salgan a las calles, solamente lo harán ante desastres naturales, ante necesidades imprevisibles, ante acciones sociales de carácter nacional; pero jamás para reprimir al pueblo.

Las Fuerzas Amadas nunca más deben manchar su honor, dignidad y patriotismo sometiéndose al gobierno de turno.

12.10. Nombramientos de comandantes

El nombramiento de los comandantes de las FF.AA se lo hará tomando parámetros como ser capacidad, creatividad militar y estatal, elucubración de proyectos, programas e innovaciones militares, añadiendo el plus de méritos militares, morales y éticos, pero sobretodo los trabajos realizados a favor de su institución, de la patria y de los bolivianos. Se desterrará para siempre los favoritismos y actos de sumisión y servilismo gubernamental, y se impondrán los valores y los conocimientos militares y estatales, pero sobretodo la dedicación y vocación patriótica de todos y cada uno de los postulantes a los máximos cargos de las tres fuerzas: Ejército, Aérea y Naval.

Aparte de la comisión examinadora militar y estatal, existirá una comisión conformada por militares en retiro y notables de las sociedades intelectuales, científicas y tecnológicas. Se eliminarán de raíz los llunqueríos, el alineamiento político, etc. el nuevo gobierno, por respeto y deber les devolverá el honor militar a todos los miembros de las Fuerzas Armadas, por eso y porque queremos unas Fuerzas Armadas del tercer milenio las convertiremos en Fuerzas Armadas de élite.

La fidelidad que exigiremos a los comandantes de las tres fuerzas será la de plena obediencia y respeto a los mandatos constitucionales como a las leyes.

Las FF.AA. de élite, tendrán absoluta independencia, sólo responderán de sus actos a la Constitución Política del Estado y a las autoridades a las cuales están vinculadas por Ley. La misma modalidad se aplicará para el nombramiento de los comandantes de la Policía Boliviana.

12.11. Comisión Permanente Estatal para Control Interno de las FF.AA.

Esta Comisión en coordinación con el Ministerio de Defensa y el Comandante de cada unidad militar, tendrá por objeto realizar fiscalizaciones y controles estatales contra abusos y/o excesos militares y/o administrativos internos contra los mismos militares sin importar el grado de los mismos.

12.12. Control estricto en los exámenes de ingreso al Colegio Militar

Las inscripciones para dar exámenes de admisión al Colegio Militar como a las otras instituciones de carrera militar, serán completamente gratuitas. Una vez que el postulante haya aprobado, recién pagará los costos de inscripción y/o matriculación. El sistema de exámenes de admisión presentado por las FF.AA., en sus tres fuerzas debe ser aprobado por el Ministerio de Educación y por la *Comisión Permanente Estatal para Control interno de las FF.AA.*

Todo postulante que intente pagar o pague para asegurarse el ingreso a cualquiera de las instancias militares y/o personas, no sólo será descalificado para cualquier otro examen en todo el sistema militar, sino será remitido al Ministerio Público para ser procesado penalmente; de la misma manera se procederá con miembros de las FF.AA., docentes y administrativos, que mediante coimas, favores, recomendaciones, etc. ayuden a los postulantes facilitándoles y/o asegurándoles la aprobación del examen de ingreso.

POLICÍA BOLIVIANA Y SEGURIDAD CIUDADANA

12.13. Policía digna, soberana y constitucional

La institución policial, por mandato constitucional y por cumplimiento de las leyes en todo el territorio boliviano, tiene la misión específica de la defensa de la sociedad y la conservación del orden público, ejerciendo dichos mandatos, en conformidad con su norma interna y las leyes del Estado, y no de acuerdo a órdenes e intereses del gobierno de turno.

El nuevo gobierno le devolverá su rol constitucional a la Policía Boliviana y de éste modo se tendrá una Policía digna, respetable e independiente.

Para fortalecer la eficiencia, eficacia y ética policial ("Policías Triple E"), el Estado realizará una reestructuración técnica, científica y tecnológica al interior de la Policía, además, sus instructores y jefes serán becados al exterior para adquirir conocimientos sobre los últimos adelantos globales de las mejores policías del mundo, de este modo, formaremos una Policía amable y moderna, tanto por los equipos, insumos y movilidades, como infraestructura, con los que contará, como por el comportamiento de sus jefes y subordinados.

Nunca más heridos ni muertos provocados por violencia policial.

12.14. Nuevo comportamiento de la Policía

La Policía tiene que manejar profesionalmente cualquier situación de crisis que se desate durante un bloqueo, manifestación, marcha, etc., y siempre conforme a los mandatos legales y a sus normas internas; y no con la mentalidad autoritaria y abusiva, es decir el uso de la fuerza bruta, las agresiones verbales y/o físicas, el uso de balines de goma, de las balas (de los llamados 'grupos de élite') cuando no se sujeten a la Ley y normas pre establecidas, serán sancionados administrativa y penalmente.

La autoridad policial está envestida de poder, no para utilizarlo en beneficio personal y/o de su institución, tampoco para cumplir órdenes políticas del gobierno y/o de autoridades estatales y/o de intereses de privados.

El poder de la Policía tiene que usarse para conservar el orden público, para resguardar los bienes del Estado, y siempre en beneficio y defensa de la población civil.

Toda manifestación pública a favor o en contra del gobierno central, departamental, municipal o contra algún sector público o privado, tendrá el mismo tratamiento por parte de la Policía Boliviana. No habrá diferencias ni favoritismos que ayuden, perjudiquen y/o maltraten a los manifestantes.

El Estado garantizará que se brinde la debida protección a toda la sociedad en movimiento (huelguistas, manifestantes, bloqueadores, etc.) y también a los mismos policías que sean enviados a controlar a dichos movimientos; para garantizar que las manifestaciones no se salgan de los límites legales y constitucionales la Policía Boliviana actuará conforme se indica en el siguiente párrafo.

12.15. Procedimiento moderno y civilizado de la Policía

Para que la Policía cumpla correctamente con los mandatos constitucionales, en especial para proteger a la sociedad que reclama sus derechos, pide justicia, etc., el nuevo gobierno debe crear tres unidades de policías especiales:

↑ *"Unidad para el Mantenimiento Moderno del Orden Público"*. (**UEMOP**). Los policías de esta unidad, alta y profesionalmente especializada, actuarán ante bloqueos, marchas, etc., como unidad policial de pacificación, para evitar que los manifestantes se enfrenten a otros grupos de manifestantes y/o de transeúntes, etc. Esta unidad será de observación y/o disuasión, no de intervención.

↑ "Unidad de Seguridad de Protección a los Policías" ("USPPOL"). El comandante de esta unidad sólo dará la orden de intervención de acuerdo al manual de "Mantenimiento Moderno del Orden Público" (MaMPU).

↑ *Unidad de Evaluaciones de Riesgos Ciudadanos y/o Policiales* (**UERCPOL**). Esta unidad tendrá la responsabilidad de hacer el seguimiento analítico de la situación de crisis.

Todas las órdenes y acciones policiales deben registrarse en medios electrónicos para su respectivo descargo, especialmente si hay víctimas civiles o policiales. Los medios aceptados serán los contenidos de las grabadoras, filmadoras, drones, cámaras de vigilancia, etc. Nunca más impunidad ante los abusos y excesos. Nunca más el pretexto de que se rompió la cadena de mando policial.

Si los manifestantes, bloqueadores, etc., están por rebasar a los policías de la UEMPOP y pongan en riesgo la seguridad física de los transeúntes, de los mismos manifestantes y/o de los policías, el responsable del *Centro de Evaluaciones de Riesgos Ciudadanos y/o Policiales*, una vez que haya evaluado la situación de crisis (mediante las imágenes enviadas por los drones desplazados en el lugar del conflicto, ante el eventual peligro para los civiles (manifestantes y/o peatones), y/o policías de la UEMPOP, dará la respectiva orden para que la *Unidad de Seguridad de Protección a los Policías* (cuyos efectivos estarán en las inmediaciones del área de conflicto) proceda conforme a la pre planificación.

Concluida la intervención (cualesquiera sean los resultados de la misma) el comandante de la *USPPOL*, en un plazo no mayor a cuatro horas, elevará un informe escrito y con acompañamiento de pruebas visuales (filmaciones y grabaciones) al *Comité de Defensa de los Ciudadanos*, para así demostrar, uno, la necesidad de la intervención policial por parte de la *USPPOL*; dos, que fueron los manifestantes los que iniciaron el ataque a la Policía y/o a los transeúntes; y tres, que se actuó conforme al *MaMPU*.

Las filmaciones del operativo policial estarán a disposición de la fiscalía, juzgados y de la prensa como de los ciudadanos que lo requieran, especialmente si hubiera víctimas (heridos y/o muertos).

Nunca más el uso y abuso de la fuerza bruta policial, ni bastones, ni gases, ni balines de goma, ni armas reglamentarias de fuego.

Los civiles (manifestantes, bloqueadores, etc.), responsables de haber iniciado el ataque físico a los policías (o a otros civiles), serán detenidos y, junto a las pruebas (filmaciones y otros), serán remitidos a las autoridades competentes.

La acusación verbal de la Policía sólo tendrá valor con la presentación de las filmaciones u otras pruebas visuales y/o físicas.

La Policía siempre protegerá al sector o sectores en conflicto y a la sociedad civil. Nunca más protección discriminada.

12.16. Insumos acorde a las necesidades y crecimiento poblacional

Desde tecnología policial de última generación (laboratorios completos para análisis de balística, de huelas digitales, de reconocimiento facial, etc., hasta análisis genético) hasta cosas sencillas como camillas y/o bolsas según los estándares mundiales para trasladar heridos y/o muertos (de accidentados, suicidas, asesinados, etc.), y vagonetas construidas para tal efecto. Nunca más traslado de heridos y/o muertos en mantas o frazadas, en camionetas o en taxis.

12.17. Capacitación Permanente a los mandos superiores y sus subordinados

Todos los policías (sin distinción de rango) serán capacitados por profesionales expertos en actuaciones policiales frente a conflictos cotidianos de la sociedad civil para interactuar tanto con los civiles que recurren a ellos por asuntos domésticos y de fácil solución, como en situaciones de conflicto social (bloqueos, marchas, manifestaciones, etc.) como en su diaria y permanente lucha contra la delincuencia en sus diferentes formas (delitos comunes, políticos, gubernamentales y otros denominados de "guante blanco").

12.18. Policía moderna en lo técnico, científico y cibernético

Se firmará convenios internacionales con los gobiernos donde se encuentran las policías más modernas, eficientes y profesionales de todo el mundo, para que la Policía Boliviana adquiera los conocimientos e instrumentos científicos, técnicos y jurídicos para implementarlos en Bolivia y así cumplir satisfactoriamente los mandatos normativos y constitucionales para proteger a todos los bolivianos.

12.19. Nuevo tratamiento de la Unidad de Seguridad Física

El Estado está en la obligación de proteger a todos los habitantes y estantes de Bolivia en las mismas condiciones. No más privilegios policiales para unos, y abandono policial para otros.

De los casi 40.000 miembros activos de la Policía (oficiales superiores, oficiales subalternos, suboficiales, clases y policías) aquellos que realicen actividades policiales ferrocarrilera, de turismo, minera, como también el resguardo y seguridad de los establecimientos penitenciarios, que participen en las Campañas de Alfabetización, lo mismo que los de la unidad de Protección de Dignatarios (USEDI), serán reasignados a Seguridad Ciudadana para el cuidado de la sociedad civil poniendo en práctica su lema: "Contra el mal por el bien de todos". Por su parte, los miembros del Batallón de Seguridad Física (BSF) que brindan servicio policial a personas particulares, estatales, bancos, empresas, etc., pasarán de manera directa a formar parte del Batallón Policial de Seguridad Estatal, para brindar seguridad en las unidades educativas y centros de salud estatales. El BSF durante el periodo de transición dará formación especial a guardias privados para que se especialicen en brindar seguridad física de la misma calidad del BSF a entidades bancarias, diplomáticas, etc.

12.20. Bonos económicos especiales para los "Policías Triple E"

Para fortalecer la eficiencia, eficacia y ética de los *Policías Triple E,* el Estado incrementará los salarios tanto de oficiales como de policías rasos, de tal manera que la función policial cumpla al cien por ciento su labor y mandatos constitucionales. El incremento favorecerá mucho más a los policías de base, ya que los porcentajes de aumento salarial serán proporcionalmente inversos.

12.21. Recursos directos en lugar de recaudaciones

El sistema de recaudación que realiza la Policía Boliviana (certificados, valores, rosetas, multas), pasará directamente al Estado central y si correspondiera, a los gobiernos autónomos. El gobierno, en los tres niveles, realizará la respectiva transferencia, en base a lo recaudado durante los últimos tres años, mediante una partida presupuestaria especial a las cuentas oficiales de la Policía Boliviana para que los siga utilizando para su institución y miembros policiales; es decir, conforme a Ley, la Dirección Nacional de Fiscalización y Recaudaciones (DNFR) recibirá los montos requeridos que se destinarán con exclusividad a la Mutual de Servicios al Policía (Muserpol), al Consejo de Vivienda Policial (Covipol) y a la DNFR.

12.22. Creación de la Comisión Permanente Estatal de Control Interno de la Policía

Esta Comisión en coordinación con el Ministerio de Gobierno y el Comandante de cada unidad nacional o departamental policial, tendrá por objeto realizar fiscalizaciones y controles estatales contra abusos y/o excesos policiales y/o administrativos internos contra los mismos policías (oficiales y suboficiales, como personal raso, sin importar el grado de los mismos).

12.23. Control estricto en los exámenes de ingreso a la ANAPOL

Las inscripciones para dar exámenes de admisión a la Academia Nacional de la Policía (ANAPOL) como a otras instituciones policiales, serán completamente gratuitas. Una vez que el postulante haya aprobado, recién pagará los costos de inscripción y/o matriculación.

El sistema de exámenes de admisión presentado por la Policía Boliviana debe ser aprobado por el Ministerio de Educación y por la *Comisión Permanente Estatal de Control interno de la Policía*. Todo postulante que intente pagar o pague para asegurarse el ingreso a la ANAPOL o a otras instancias, no sólo será descalificado para cualquier otro examen en todo el sistema policial, sino será remitido al Ministerio Público para ser procesado penalmente; de la misma manera se procederá con miembros de la Policía Nacional, docentes y/o administrativos, que mediante coimas, favores, recomendaciones, etc., ayuden y/o traten de ayudar a los postulantes, sea facilitándoles y/o asegurándoles la aprobación del examen de ingreso.

12.24. Ley Dura contra la corrupción (Vea el Anexo "Erradicación de la corrupción estatal")

Aplicación de la *Ley Dura* contra la corrupción. A todo empleado o autoridad estatal implicado, directa o indirectamente en actos de corrupción, se le sancionará con la suspensión inmediata de sus funciones y se le remitirá a las autoridades judiciales para su inmediato procesamiento penal.

Al implicado en actos de corrupción, el Estado de oficio, mediante la *Unidad de Vigilancia Estatal*, pedirá el congelamiento de todas sus cuentas bancarias y no bancarias, como la anotación de sus bienes inmuebles y otros que posea a su nombre o a nombre de terceros o con nombres de personas jurídicas, esto para precautelar la devolución o el pago por daño que haya provocado al Estado.

12.25. "Fedatarios Estatales Incognitos"

Se creará un equipo de *Fedatarios Estatales Incognitos* (**FedEIn's**) que en cualquier momento tal cual fueran simples usuarios, se presentarán en las oficinas públicas, incluidas las de jueces y fiscales, de Derechos Reales, de la Policía, etc.

A todo empleado y funcionario estatal (una secretaria, un jefe, un policía, un administrativo militar, etc.) se le hará conocer la existencia de los **FedEIn's** y en cada oficina habrá un letrero de advertencia: *"Este infractor (usuario) puede ser un FedEIn"*, *"Esta señora que le falta un documento para su trámite, puede ser un FedEIn"*.

La función principal de los *FedEIn's*, será la de detectar principalmente actos de corrupción, sin dejar de lado la mala atención, la discriminación, incluso la mediocridad profesional del empleado y/o autoridad estatal.

DIRIGENTES SINDICALES Y DE MOVIMIENTOS SOCIALES
12.26. Protección absoluta a los trabajadores

Devolveremos (por obligación de las normas legales) el verdadero rol de origen y de formación y proyección a las instituciones que defienden los intereses de los trabajadores (COB, CSUTCB, etc.) de tal manera que sus dirigentes sólo se dediquen a luchar para conseguir beneficios para sus bases y no para el gobierno de turno, para los partidos de su simpatía o que los financian, o para ellos mismos.

Ningún dirigente en funciones podrá asumir ningún cargo estatal durante su periodo ni después, excepto el mismo puesto de trabajo que estaba desempeñando antes de ser elegido dirigente. Solamente podrá asumir un cargo estatal una vez que hayan pasado como mínimo tres años contables desde su cesación o renuncia al cargo de dirigente.

12.27. Nunca más la existencia de sindicatos paralelos

Los sindicatos, por Ley de la República, tendrán total independencia; es decir no se permitirá que sus dirigentes apoyen, defiendan o se sometan a los intereses del oficialismo o de los partidos de oposición.

El nuevo gobierno no permitirá la creación de sindicatos paralelos. Los sindicatos deben defender los derechos de sus dirigidos y jamás los intereses del gobierno, de la oposición, o los intereses personales, políticos o de cualquier otra índole de sus dirigentes.

Al gobierno le estará terminantemente prohibido crear, fomentar y/o proteger a sindicatos paralelos.

Cuando existan sindicatos paralelos hasta antes de la promulgación de la *"Ley de Protección Sindical"*, el *Unidad de Conciliación Sindical*, a través del Órgano Electoral, convocará a las bases del o de los sindicatos en conflicto a las urnas. Los dirigentes elegidos legal y democráticamente recibirán credenciales conforme lo estipulado en la *"Ley de Protección Sindical"*,

13.   LA NUEVA BOLIVIA GUBERNAMENTAL,
realidad, problemas y soluciones

Realidad y Problemas Gubernamentales

13.1. Nueva mentalidad en la conducta de los gobernantes

El **gobernado** que está acostumbrado al silencio ante las diferentes formas de abuso gubernamental, por lo general carece de motivación (**falta de rebeldía constructiva**), y sin motivación, no hay decisión (**ausencia de reacción constructiva**), por consiguiente se resigna y acepta como algo natural las imposiciones, mentiras y engaños de los gobernantes (**conformismo político y social, incluso económico**); de esta manera, de un modo inconsciente (**indiferencia y resignación a su *mala suerte***) se deja envolver por la filosofía del control socio-político impuesto por la clase gobernante, haciéndole creer que es un deber nacional **no alterar** el orden político establecido: *es preferible vivir con lo poco que tenemos, pero en paz,* concluye un poco satisfecho, otro poco resignado, y quizás hasta aterrorizado por su propio drama, por sus propias dudas y miedos sobre su destino.

Para que los gobernados no continúen encerrados herméticamente en aquellos envases de control social y político, los nuevos gobernantes de Bolivia tienen que imbuirse de profundo y verdadero **patriotismo**, y luego crear políticas de Estado, cuya ejecución le devuelva a los gobernados la libertad de pensar, de disentir, hasta de cuestionar al gobierno de turno.

Una autoridad que cuenta sólo con *buenas intenciones* para beneficiar a los gobernados, por lo general cambia de opinión y de conducta de acuerdo a la coyuntura sea política, económica y/o social; es decir, de **hombres honestos**, se convierten en gobernantes corruptos (al respecto, cínicamente muchos los justifican: *los políticos nacen buenos, pero el poder los corrompe*).

13.2. La libertad social, política y gubernamental

Durante la Colonia, en la era republicana, sobremanera en el Estado Plurinacional de Bolivia (EPB), las autoridades gubernamentales han concebido diversas estrategias para controlar, disminuir o anular los derechos de acceso directo a la libertad de expresión (manifestada en repudio a la corrupción gubernamental, en rechazo a las violaciones de la CPE, del abuso del poder, etc.), tanto individual como colectivamente; de esta manera, el proceso de desgaste del ejercicio pleno de la libertad impuesto por el gobierno de turno, fue, en unos casos, sutil y paulatino, en otros, violento y rápido, pero en ambos casos progresivo e indetenible.

Los gobernados en general, y en especial los periodistas, los contestatarios, los libre pensantes, los intelectuales, al ver restringida su libertad, reaccionan y, manifestando su descontento, exigen la reposición de la misma; pero, el gobierno, utilizando todos los instrumentos de control y de represión, con más fuerza y mayor decisión, sigue coartando la libertad. Entonces, los afectados, sea por miedo, negligencia, falta de decisión personal, poco a poco, toman como una cosa normal las violaciones a sus derechos, luego se acostumbran y; finalmente, ante la reiteración violatoria de sus libertades, quizás sin energías, tal vez con la voluntad extinguida, ya no reclaman más, hasta que llegar al grado de la indiferencia (por analogía podemos decir que se comportan como esa adolescente que sufre violaciones constantes y como no hay nadie que denuncie las mismas, las violaciones se reiteran y la adolescente lo toma como cosa rutinaria), luego se olvidan de que tienen derechos constitucionales, inalienables y perpetuos para hacer uso individual y colectivo de su derecho de libertad.

De ahí que la lucha por la restauración de la libertad se haya convertido en una utopía. Los siguientes versos, extraídos del poemario "*Bestias del Tercer Milenio*", nos demuestran en qué estado se encuentra la libertad en nuestro continente "(…) *¿Libertad, qué estás haciendo? / Juego a las escondidas con la democracia. / ¡Ah! ¿Y por qué tienes cadenas en tus alas? / ¿Tengo alas? (…)*"

Libertad es aquella palabra abstracta que le permite a una persona obrar o no obrar de acuerdo a su decisión o libre albedrío, en directa vinculación con los aspectos humanos, sociales, culturales, jurídicos y estatales, siendo el aglutinante que nos ayuda a coexistir dentro de los términos de reciprocidad y mutuo respeto. Libertad es practicar soberanamente el derecho de expresar, defender e irradiar las ideas, opiniones y pensamientos tanto propios como ajenos. Libertad es escribir, difundir y hacer conocer a la opinión pública, con sujeción a las leyes, mediante los medios de comunicación (televisión, radio, diarios, redes sociales, libros, revistas, cultura, arte, etc.), en reuniones, foros, etc., opiniones, ideas, críticas, observaciones, tanto al gobierno como a las autoridades de los diferentes niveles del Estado, sin recibir por ello, amenazas o persecución política, policial, gubernamental y/o jurídica, de parte de lis detentores del poder.

13.3. La libertad en el contexto histórico de Bolivia

¿Cuántos gobernantes conocen los principios de la libertad individual y colectiva, enmarcados en la Constitución Política, como en los tratados internacionales? ¿Cuántos respetan la práctica de la libertad conforme los mandatos nacionales e internacionales?

La respuesta es evidente e inmediata: muy pocos, casi ninguno.

Los gobernantes, ignorando u olvidando la aplicación de los principios de la libertad, al pueblo, lo han desvinculado del sentido tanto abstracto como tangible de lo que es la libertad en casi todas sus concepciones.

Los gobernantes (del pasado y los actuales también), con la finalidad de tener absoluto control sobre el pueblo en general, la han desestructurado a la libertad de su concepto natural y constitucional y, cuando no han podido hacerlo, han pasado a controlarla en base a una diaria enajenación, a un constante lavado de cerebro, especialmente a través de falsos e hipócritas discursos políticos, como también mediante mentirosas y alienantes propagandas gubernamentales difundidas constante y diariamente; conculcando, de este modo, la libertad no sólo de expresión, sino la de **razonar**, **discernir** y **pensar** libre y soberanamente.

Las restricciones de la libertad impuestas por la clase gobernante, no sólo neutralizan y/o silencian a opositores, contestarios y a todos los que cuestionan al sistema gubernamental imperante, sino que causa enormes daños y perjuicios a toda la sociedad del país, puesto que, al deteriorarse la débil salud de la libertad existente, los gobernados **se pierden** en un submundo de permanente y cotidiano silencio muy parecido al silencio de la estupidez, por consiguiente, el pueblo, toma como cosa normal que la libertad (la real, la verdadera), sea reemplazada por la *libertad gubernamental*, la cual es una libertad alienada, restringida, pero sobretodo controlada.

La Constitución Política del Estado (cuyos postulados se inspiran en la "Declaración de los Derechos del Hombre y del Ciudadano", como también en los principios de la emancipación latinoamericana y en la "Declaración Universal de Derechos Humanos") **brinda** igualdad de derechos políticos y sociales, **promueve** y **fortalece** el respeto por la **libertad** en todas sus formas, lo que significa que se **implementa** a la libertad como un derecho natural del hombre para actuar sin interferencias de ninguna clase. Sin embargo, las libertades individuales y colectivas, se subordinan a los intereses gubernamentales, tanto en tiempos de dictaduras como de democracia; de esta manera, al pueblo, en unos casos le restringen su libertad y, en otros, directamente se la anulan.

Los gobernantes aprovechando que la capacidad receptiva y analítica del pueblo tiene alcances limitados, cada día violan los mandatos constitucionales y la soberanía del pueblo, especialmente en el capítulo consagrado a las libertades individuales. ¿La finalidad? Controlar al pueblo, para así evitar cuestionamientos sobre los delitos e ilícitos estatales cometidos por los gobernantes; es decir el gobierno, de manera particular la rosca presidencial y los iluminati en función de gobierno, **no quieren que nadie hable** sobre el abuso de poder o sobre las mismas violaciones a la libre expresión de los ciudadanos.

Las características más comunes de los gobernantes (del pasado) eran la incompetencia e ineficiencia, la corrupción y la violación constante de los derechos humanos, entre éstos los de la libertad de expresión. Las tipologías políticas de los gobiernos actuales, **son las mismas**, sólo que le **han agregado mecanismos modernos** para así poder seguir aplicando una feroz y constante violación de los derechos humanos, especialmente los vinculados a la libertad. Entre dichos mecanismos tenemos por un lado, la **instrumentalización** judicial que se manifiesta en la implacable persecución y terrorismo judicial (ejecutados por jueces y fiscales al servicio del gobierno); por el otro, la permanente **alienación** mediática que cotidianamente confunde y anula la tendencia política del pueblo, inutilizando o hibernando a la libertad de pensamiento y de expresión.

13.4. ¿Qué tipo de gobernantes son los que más suprimen la libertad?

Los que más suprimen la libertad, son:

➢ Los gobernantes **corruptos**, a veces **ignorantes**;
➢ Los gobernantes **represores**, a veces **criminales**;
➢ Los gobernantes **megalómanos**, a veces **adictos** a eternizarse en el poder.

Razones por demás suficientes para perseguir, encarcelar, incluso asesinar para convertir a los gobernados en un pueblo manso, obediente, callado.

Aquéllos gobernantes, carentes de moral y revestidos de conductas y pensamientos totalitarios y dictatoriales, con absoluta naturalidad y libertinaje transgreden las normas legales y constitucionales, violando constante y diariamente los más elementales derechos y libertades de hombres y mujeres de nuestro país. Éste comportamiento crea una división, donde tenemos gobernantes que, debido al silencio unas veces, obligado, otras, permisivo del pueblo, gobiernan dictatorial y autoritariamente, para ello cuentan con la fuerza (policial y militar, aparte de agentes y otros matones gubernamentales) y la justicia que descaradamente se ha sometido al poder Ejecutivo. Los jueces y fiscales, a fin de mantener sus cargos y/o sus privilegios vinculados a la corrupción, soslayan los principios de independencia, imparcialidad, probidad y transparencia, y se subordinan a las decisiones de la rosca presidencial. Por su parte diputados y senadores, en lugar de fiscalizar cumpliendo los mandatos constitucionales, también se someten al poder Ejecutivo.

Los intelectuales, en lugar de exigir a la clase gobernante el cumplimiento de los mandatos constitucionales a favor de los gobernados, atemorizados por la fuerza represiva gubernamental, dejan de hablar y/o actuar con aquella libertad que es la característica principal de los intelectuales éticos, autónomos y valientes.

Escritores, historiadores, analistas, artistas, etc., amordazados por las prebendas, o rendidos al silencio (por miedo a ser reprimidos política, jurídica y/o penalmente) se someten a los dictados de quienes detentan el poder gubernamental.

Dueños de medios periodísticos (por ejemplo la televisión), por las razones explicadas anteriormente permiten (a veces ordenan) que se encubran, disimulen o minimicen actos ilícitos, incluso delincuenciales del gobierno. Convirtiéndose en defensores de la **esclavitud** periodística y, por ende, en cómplices de la violación de la libertad de prensa, que es la máxima expresión a través de la cual el pueblo encuentra eco a su malestar público o privado.

Aquéllos comportamientos nos demuestran que dichos propietarios y/o trabajadores de la prensa carecen de ética periodística.

Cuando el gobierno, mediante su sistemática penetración, no puede comprar la conciencia de dueños y empleados de los medios de comunicación masiva, opta por la solución final: conseguir la transferencia de radios, periódicos y canales de televisión, mediante la compra de la razón social, los equipos, incluso los inmuebles, en unos casos utilizando palos blancos, en otros accionistas invisibles. Cuando no puede efectivizar la compra, recurre a la imposición del miedo, a la persecución judicial, a la presión, al terrorismo tributario (pago de impuestos, inspecciones laborales), etc.

Los gobernados, en unos casos, por falta de educación y/o conocimientos sobre sus derechos respecto al uso y usufructo de sus libertades individuales y/o colectivas, y en otros por no saber cómo exigir la aplicación diaria de sus derechos y sus libertades constitucionales y legales, y finalmente por la diaria alienación provocada por el gobierno, manifiestan una conducta permisible o de indiferente silencio, llegando al grado de la ingenuidad o del miedo.

Por lo expuesto, se concluye que tanto la clase gobernante hispana (era colonial), como la republicana y plurinacional (era pos independencia hasta el actual Estado Plurinacional) sólo ha demostrado una constante de abusos para controlar y/p suprimir los derechos a la libertad.

13.5. *Inteligencia* de los jerarcas del Estado

El gobierno, con la finalidad de mantenerse en el poder, en lugar de planificar políticas de Estado a favor de Bolivia y de los bolivianos, dedica su atención y sus recursos estatales a:

☐ Hacer creer a la población que se tiene el mejor país del mundo, donde los gobernados tienen buenos ingresos económicos y disfrutan del *vivir bien*.

☐ Ejecutar planes para destruir a los rivales políticos; es decir su tiempo e inteligencia que debería ser utilizados en favor de los gobernados y del mismo Estado, se lo utiliza para desprestigiar, perseguir y liquidar a los opositores al régimen de turno.

Existen varios paradigmas de este comportamiento, por ejemplo el "*Plan de Descolonización del Oriente Boliviano*" que consistiría en crear un clima de polarización mediante la creación de organizaciones paralelas de carácter cívico, social y laboral, para provocar y fomentar conflictos de mediana y de baja intensidad con los rivales del partido en función de gobierno. Los conflictos serían supervisados y colaborados por el servicio de Inteligencia del Estado y con participación de varios ministerios, Policía Nacional, FF.AA., etc.

Si una alta autoridad o el presidente cometen errores y los mismos son descubiertos, los de la rosca presidencial crean furgones políticos de blindaje gubernamental de tal manera que su el presidente aparece como víctima y los denunciantes como culpables.

Como políticas de *medidas preventivas*, los iluminati de la rosca presidencial neutralizan a los formadores de opinión opuestos al gobierno, por las buenas (corrupción mediante) o las malas (persecución política y/o judicial, amenazas, terrorismo de Estado). Lo mismo se hace con académicos y dirigentes de las universidades públicas que no apoyan, o no se muestran neutrales con el oficialismo.

13.6. La conducta de los políticos masistas

La política practica el MAS, se basa en el arte de mentir, haciéndole creer al pueblo que se le dice la verdad.

Los masistas con un increíble cinismo e hipocresía hablan de luchar contra el autoritarismo, contra la exclusión, contra los privilegios, contra la corrupción, contra los imperialistas, contra las transnacionales, etc., pero en la práctica gubernamental, con una sinvergüencería sin límites:

☐   Dedican sus esfuerzos para realizar los más increíbles y millonarios actos de corrupción.

☐   Persiguen y procesan judicialmente a los contestatarios, a los libre-pensantes incluso de su propio partido, ejecutando soberbiamente su autoritarismo y totalitarismo de origen cubano-estalinista traída por los cubanos.

☐   Cuando encuentran a compañeros que actúan con ética y que tienen mayor potencial ideológico, a fin de anularlos y sacarlos de su camino manipulan, unas veces sutilmente, otras descaradamente, imponiendo una cotidiana y abierta *discriminación* en todas las instancias del partido o del gobierno.

☐   En el discurso de las reuniones del partido, en el discurso público, en la doctrina partidaria, incluso en el programa de gobierno, como, en los foros, en los debates repiten con énfasis, hasta con orgullo que van "A *sancionar a corruptos y estafadores de la patria*". "A *los que se han aprovechado del pueblo.*" "A *los que han monopolizado los poderes del Estado.*" "A *los que están protegidos por el manto ilegal de la impunidad:*", etc., sin embargo, protegen a los corruptos (porque son ellos mismos los corruptos, o son sus socios, sus allegados, sus familiares); usan y abusan de los privilegios, de los recursos del Estado.

☐ Monopolizan todo el aparato estatal aglutinando a su alrededor, con el objetivo de someterlos al servilismo, a todos los poderes del Estado, incluyendo a los gobiernos autónomos, a las FF.AA., a la Policía Nacional y a todas las instituciones estatales y, por supuesto, a los medios periodísticos, en especial a la televisión, mediante generosos pagos (dizque por "publicidad").

☐ Erradican los mandatos constitucionales y las leyes para que la democracia, la libertad y la justicia, sean reemplazadas por el totalitarismo, el autoritarismo, la injusticia.

☐ Evitan la fiscalización, crítica o denuncia periodística, política o social, logrando que todo probable juicio, se pierda o se empantane en una estructura judicial que no es funcional, ni mucho menos dinámica en el sentido de evolución hacia la práctica de los principios de lucha contra los delitos gubernamentales.

13.7. El gobierno visto desde dentro

El **Falso proceso de cambio.** Las diferencias entre el **revolucionario idealista** (R.I) y el revolucionario circunstancial (r.c), son las siguientes: el **RI**, jamás se envilece cuando está en el poder, pues debido a sus ideales, la lucha política que lleva a cabo, radica en engrandecer su país, para que sus compatriotas vivan en paz, armonía y relativa felicidad; no le interesa someter al pueblo ni violar las leyes; y su permanencia en el gobierno no lo convierte en adicto ni megalómano por el poder.

El **Revolucionario Idealista** activa todos los mecanismos necesarios, no para controlar al pueblo, ni usurpar los privilegios de los otros poderes estatales, sino para que sus ideales de patria, de humanismo, de solidaridad, se hagan realidad; para ello consagra su tiempo, su intelecto, incluso su libertad y su propia vida.

En cambio los **r.c.** (falsos revolucionarios del *proceso de cambio,* los del actual gobierno) son aquellos que, a fin de encubrir su cada vez más grande y visible placer por los encantos de la burguesía oligarca que les da el poder; para ocultar sus delitos de corrupción, de abuso, de violación a las leyes y a la Constitución; para encubrir bajo el manto de la impunidad su indetenible drogadicción por el poder, con un cinismo propio de los funestos políticos hablan de luchar por los desposeídos, por los más necesitados, hablan del respeto a la democracia, a las libertades, etc., cuando en realidad su pensamiento íntimo y real está centrado en enriquecerse y disfrutar de los privilegios del poder.

Para llegar a su fin (acumular corrupta e ilegalmente grandes fortunas), si tienen que encarcelar a la libertad, la encarcelan; si tienen que desterrar a la democracia, la destierran, si tienen que violar a la Patria-Madre (Bolivia), la violan.

En cambio el **Revolucionario Idealista** busca enriquecer al pueblo, busca que todos los sectores del país gocen del mismo tratamiento y tengan los mismos privilegios que tienen los gobernantes, porque el **R.I.** persigue un fin: la aplicación de su idealismo; en palabras simples el **Revolucionario Idealista** es la imagen y semejanza de la conducta del padre justo que les da el mismo tratamiento y beneficios a todos sus hijos, para él todos sus hijos son iguales, sean estos inteligentes o brutos, hermosos o feos, tristones o festivos.

Los arriba mencionados deben saber que el que no está de acuerdo con el que está al frente no es un enemigo político, es un rival político circunstancial.

El que está en la vereda del frente no es un enemigo de Bolivia, tampoco de los bolivianos, por lo tanto, si por perjudicar al gobierno, bloquea, está bloqueando los derechos del pueblo. Los perjudicados no son los del gobierno, los perjudicados son los del pueblo.

Por la seriedad con que manejamos nuestras propuestas programáticas y porque pensamos en todos los bolivianos, les presentamos el índice de nuestra programa de Gobierno **Bolivia Ama-**

ble y Moderna.

13.8. Mediocridad Estatal y analfabetos ideológicos

La mayoría de los que están ocupan cargos públicos (jerárquicos o subalternos) del actual gobierno, podrían fácilmente ser clasificados como analfabetos ideológicos (**AI**), ya que por sus discursos, por lo que dicen y por su accionar en la cosa pública (Asamblea Nacional, ministerios, presidencias de entidades estatales, etc.) demuestran que no sólo son analfabetos ideológicos, sino que son enemigos de la idealización, por eso atacan a los idealistas, a los patriotas, a los que quieren construir una nueva Bolivia con cabida y desarrollo para absolutamente para todos los bolivianos.

Los cargos públicos no son ocupados por personas eficientes, expertas y conocedoras de lo que es el área estatal, pues la conducta partidista del gobierno del MAS, es nombrar ministros y viceministros, presidentes y directores de entes estatales, a gente que no tiene preparación ni conocimientos para desempeñar dichos cargos, pero que son útiles y serviles en la estructura jerárquica gubernamental.

En otros casos son ocupados de acuerdo a las famosas recomendaciones, presiones y la fuerza sindical o política, incluso familiar que muestre el postulante, sin importar el grado de conocimiento que tenga aquél.

También en este cúmulo de gente sin preparación estatal se encuentran los grupos de los tránsfugas y los saltamontes que son una especie de diputados y autoridades que al no saber hacer otra cosa que vivir de la política (léase politiquería), sin importar el color del partido que está gobernando, se acomodan con el nuevo gobierno.

La conducta político-partidista ha convertido en costumbre que dirigentes y allegados cercanos al *jefe* del partido gobernante (o de la rosca presidencial), sean nombrados en cargos decisorios. Los "recomendados", a su vez nombran a sus familiares, amigos, etc., luego de rodea de ineptos y corruptos como él mismo.

Otros, acostumbrados a vivir de la política, (sea con experiencia sindical o con habilidades propias de los *operadores* sindicales), se hacen de ministerios, gerencias o presidencias de instituciones, y de esta manera dan continuidad a su inalterable presencia al interior del Estado.

Esa es la calidad de autoridades que tiene el gobierno del MAS, por consiguiente, la mentalidad de la amenaza permanente de dichas autoridades jerárquicas y no jerárquicas al igual que de empleados y empleaduchos estatales que siempre están enseñando los dientes: "*No sabes quién soy yo; ahorita mismo voy a ordenar que te saquen a patadas de aquí* (...)" es una constante en todas las oficinas públicas.

13.9. La gran mentira de las 20 horas de trabajo de Evo Morales

Los loros amaestrados del MAS dicen que Evo Morales como nadie antes lo ha hecho, trabaja más de 20 horas al día.

Lo que no dicen (porque no está en el libreto que les dan) es que de las 24 horas que tiene el día, Evo:

☐ gasta un par de horas escuchando adulaciones (lo que más le gusta) de parte de sus ministros, de dirigentes de movimientos sociales, comandantes de la Policía y del Ejército;

☐ unas dos horas memorizando el libreto que tiene que repetir ante la prensa y ante los asistentes a las concentraciones (donde asisten de manera obligatoria empleados estatales y bases sociales),

☐ otras dos horas, despotricando contra el *imperio*, contra la derecha y contra los que no se agachan a amarrarle los zapatos;

☐ Más o menos tres horas escuchando alabanzas, canciones e himnos de culto a su personalidad (si es que tuviera alguna) y viendo algunos bailecitos de estudiantes quinceañeras (mejor si son "asequibles" a sus deseos);

☐ una a dos horas jugando al fulbito;

☐ dos horas comiendo y bebiendo, otras dos horas en el baño y unos 15 minutos en la intimidad con alguna dama o damita (sea o no sea "cara conocida").

☐   El resto del tiempo viajando en su avión de lujo imperialista, donde duerme come y se droga con sus deseos de perpetuarse en el poder para seguir disfrutando de los beneficios del imperialismo capitalista.

¡Eso es, para los masistas, gobernar 20 horas al día!

Por esa forma de gobernar de Evo Morales el país es un Estado donde impera el caos legal (incremento de fiscales y jueces prevaricadores y corruptos); por esas 20 horas de trabajo *evista*, contamos con un estabiliza el fárrago parlamentario (diputados y senadores oficialistas y cierto tránsfugas) que sólo saben levantar las manos; debido al "agotador" trabajo de Evo, se expande la epidemia de alcaldes denunciados por corruptos, violadores, incluso por estar anexados al narcotráfico; y también se agranda el universo de empleados gubernamentales mediocres y con alta tendencia a perfeccionar los sistemas de corrupción menor.

Cuando el presidente Evo Morales el "*llankador*" (supuesto trabajador) no está dentro la rutina de su trabajo de 20 horas al día, quizás enmierdado por la falta de adulones, por la falta de guirnaldas compradas por su equipo de avanzada, por la falta de aplausos forzados de los asistentes, convoca a la prensa no para decir que va a gobernar en serio, no para decir que va a dejar de hacer campaña electoral, sino para vomitar su veneno cancerígeno contra los periodistas que no lo adulan, contra los opositores que lo critican, contra el pueblo que le exige respeto al Referendo del 21 de febrero y a la Constitución Política del Estado (para Evo y su gente, nuestra Norma Suprema tiene menos valor que un rollo de papel higiénico).

Cuando no hace ni lo ni lo otro, está tratando de entender cómo es posible que haya gente que lo trate de ignorante, de dictador, de totalitario, de represor de inválidos, de violador de la Constitución y de las leyes, de los nexos de su gobierno con el narcotráfico, de apoyar a asesinos como Maduro de Venezuela y Ortega de Nicaragua.

También tiene sus momentos de recreación ilusoria, ya que se ve a sí mismo como un líder mundial (Gandhi, Mandela, etc., son piojos a su lado); incluso cree que en todo el mundo están escribiendo loas por ser un idealista de la izquierda mundial (lástima que Mujica no le dio unas clases de gobernar con un poquitín de ideología socialista). Respecto a la indetenible megalomanía de Evo Morales vea el Anexo literario "*El emperador y su imperio*".

Para que Evo Morales sepa lo que es el socialismo, debería realizar un viaje que puede empezar el 22 de enero del 2020, para que visite los países donde verdaderamente se practica el socialismo real y verdadero (ojo no estamos hablando de Rusia o Cuba, sino de Noruega, Dinamarca, Suecia, Finlandia).

¿Dónde se encuentra la gente más feliz del mundo? En estos países socialistas, donde gobernantes y gobernados gozan de los beneficios de un gobierno y una sociedad socialista. No lo decimos nosotros, lo dicen instituciones científicas (por lo general imperialistas y capitalistas) que hacen mediciones sociológicas alrededor del mundo.

13.10. El MAS, gobierno del Plagio

Los del MAS ha batido el record de plagios de toda la historia de Bolivia.

Se han adueñado del proyecto político de las autonomías que fuera una propuesta política de los departamentos del oriente incluidos Tarija y Cochabamba, pues, el gobierno del MAS de férreo opositor a las autonomías, de la noche a la mañana, no sólo se convirtió en autonomista, sino que presentó las autonomías como si hubiera sido su idea.

La constituyente un proyecto de los indígenas del oriente, que desde los pueblos amazónicos y de tierras bajas marcharon en la década de 1990, en la cual no participó ni un solo cocalero, menos Evo Morales, pidiendo una nueva Constitución, fue plagiado por el gobierno del MAS, y de esta manera aparecieron como si hubieran sido los autores de esta demanda para instalar una Constituyente y redactar la actual Constitución Política del Estado que la violan constantemente.

A los potosinos les ha plagiado su libertad de disentir; marchas, paros, represión policial, de nada sirvieron.

A los bolivianos les ha plagiado (secuestrado) sus derechos constitucionales: ha desconocido los resultados electorales del Referendo del 21 de febrero de 1016.

A los indígenas del TIPNIS, les ha plagiado su territorio para construir una carretera que es una exigencia de los narcotraficantes en fases. Fase 1. Invasión de tierras para sembrar coca ilegal y destinada a la producción de cocaína. Carretera para transitar libremente con la producción de cocaína para comercializarla en todo el mundo a través de Brasil.

A muchos proyectistas que presentaron sus proyectos al gobierno del MAS, les han robado sus proyectos para presentarlos como si fueran de ellos.

Y a los bolivianos que asistimos a votar el 21 de febrero de 2016 en el Referendo que le dijo NO, nos ha robado nuestro derecho y desconoce la soberanía del voto del pueblo al desconocer los resultados de dicho referendo.

13.11. Loros amaestrados

Cuando se les pregunta a los voceros del MAS (ministros, diputados, dirigentes sindicales, de movimientos sociales, sobre los actos de corrupción y otros delitos cometidos por el gobierno, por amigos, familiares, militantes, etc. Del MAS, evaden las preguntas apelando al recurrente discurso de fácil descrédito, de rápida difamación, utilizando siempre las mismas palabras o frases: *los que nos atacan son los de la derecha, los lacayos del imperialismo, los vende patria, los que no quieren que los pobres tengan acceso a la salud, educación, etc.* Es decir repiten como loros amaestrados lo que sus "asesores" les enseñan a repetir como obediente y buenos muchachos. Es una forma similar al reflejo condicionado de la práctica que hacía Pavlov con sus perros para ser condicionados a **conductas** impuestas por sus amaestradores.

13.12. Asesores extranjeros y similares protegidos por Evo Morales

El gobierno del MAS, en lugar de convertir a Bolivia en un país de oportunidades para que inversionistas extranjeros traigan capitales para el desarrollo de nuestro país; en lugar de convertir a Bolivia en un lugar ideal para generar decenas de miles de empleos para los desempleados, "importa" extranjeros que le hacen daño a Bolivia como Estado y a los bolivianos como sociedad.

Con el gobierno de Evo Morales, la llegada de extranjeros ha ido cada día en aumento; de esta manera Bolivia se ha llenado de "asesores", milicias, hombres de "negocios" (vinculados al narcotráfico) y médicos cubanos (que le quitan el empleo a los médicos bolivianos); también tenemos a empresarios y trabajadores chinos que no respetan las leyes bolivianas y que explotan y abusan a los trabajadores bolivianos; ahí también están los extranjeros relacionados al tráfico y micro tráfico de drogas (cocaína y mariguana), drogadictos, vagos y delincuentes; de igual manera han llegado traficantes de órganos humanos y de personas; asesinos a sueldo y otros mercenarios.

13.13. El buen vivir, pero sólo para los masistas y sus socios

El eslogan del *buen vivir* sólo lo podemos ver como realidad en los hogares de los nuevos ricos y de ciertos grupos de funcionarios estatales con acceso al salón del rápido enriquecimiento. También lo podemos encontrar en los productores de coca que destinan su coca al narcotráfico, en los vinculados al narcotráfico internacional y nacional; en las Gabriela Zapata, en las Nemesia Achacollo, en los Montenegro[35], en los contrabandistas, y, para asombro de los imperialistas y neoliberales, en la economía de los grandes empresarios y banqueros que van agarrados de la mano con el gobierno "socialista" de Evo Morales.

13.14. Compromisos gubernamentales que nunca se cumplen

Palabra dada, palabra cumplida, reza el refrán que en política casi nunca se cumple, pero como Bolivia, en cuestiones de política, es el laboratorio donde las excepciones son la regla general, y donde la regla general se convierte en excepción, el gobierno de Evo Morales cumple su *palabra*, de este modo cumple con los cocaleros, especialmente del Chapare, cumple con los narcotraficantes, especialmente con los que le ayudaron a llegar al poder; cumple con los contrabandistas, especialmente con los familiares de los que están en función de gobierno; cumple con los capitalistas del transporte (autos chutos); cumple con los banqueros (lavado de dinero y excedentes de dineros de origen dudoso); con los grandes empresarios (precios que se duplican y que favorece a los grandes productores); con los cooperativistas mineros (los nuevos terratenientes del mineral a quienes el Gobierno central les regaló minas con millonarios filones de minerales estratégicos: estaño, plata, etc.) que están arrasando con los minerales porque los precios están altos (ausencia de políticas de Estado para darle valor agregado a nuestra materia prima; pero sobremanera cumple con las transnacionales que siguen saqueando nuestros hidrocarburos (llevándoselos al exterior como materia prima). No hay ni siquiera intentos de nacionalizar muchas minas que son explotadas por privados, por ejemplo la mina San Cristóbal. Por eso los Estados Unidos y los países europeos (donde radican las transnacionales) no le dicen ni le hacen nada a Evo Morales. Recordemos la frase de un presidente de EE.UU. quien refiriéndose a un presidente centroamericano que era servil al imperio, dijo: *"será un hijo de puta, despotricará contra nosotros, pero en la práctica sirve a nuestros intereses."*

13.15. ¿Proceso de cambio, o cambio de vestido por pollera?

El gobierno en lugar de recuperar el espíritu revolucionario de los cambios propuestos, procede a desviar el ampliamente publicitado *proceso de cambio*, para ello recurre al **revisionismo** (a la inversa) de los sistemas heredados de la anterior estructura gubernamental; y no lo hace directamente, sino que escondiéndose en los sindicatos y organizaciones de base popular y campesina, hace creer a los gobernados que son los movimientos sociales (léase dirigentes sindicales) los que piden se implemente el *revisionismo*, para cambiar ciertas conductas que no favorecen al control directo por parte del... partido en función de gobierno.

La teoría publicitada del *proceso de cambio* (no hablan de **revolución**, porque no son revolucionarios) y el supuesto desmembramiento y posterior desaparición de la oligarquía, como de los partidos tradicionales y de la misma burguesía, se queda en enunciados, porque en la práctica sólo existe transferencia gubernamental a través de la telequinesia política, pues los oligarcas del ayer son reemplazados por la nueva oligarquía del MAS; por otro lado, los partidos tradicionalmente llamados de derecha pro imperialistas siguen vigentes, muchos con otros nombres, pero con la misma mentalidad (MNR, UN, CN, PODEMOS, etc.). Finalmente líderes, dirigentes, incluso militantes de los desaparecidos (ADN, NFR, MIR, MBL, MSM, etc.) forman parte del gobierno del *proceso de cambio*.

13.16. Venganza del gobierno de turno

Una falsa y negativa ecuación política que se ha repetido de gobierno en gobierno ha sido llegar al poder para, una vez entronizados, proceder a la venganza política, incluso personal o racial. Si la derecha está en el poder, hay que darles duro a los izquierdistas (represión, terrorismo de Estado, crímenes políticos, etc.). Si la izquierda está en el gobierno, hay que darles duro a los oligarcas, a los neoliberales, a los imperialistas (represión, terrorismo de Estado, crímenes políticos, etc.); es decir proceden de la misma manera. Y a un nivel más inferior, los directores, los jefes de departamentos, también proceden a vengarse, despidiendo de su fuente de trabajo al que considera su enemigo, humillándole a aquél que ayer le ha humillado, etc. Con el gobierno actual, aparte de haber aplicado la clásica venganza político-gubernamental, ha introducido una variable. Una vez que se consolidaron en el gobierno, procedieron a vengarse, haciendo el mayor daño a los que no son de su clase, a los que no profesan su ideología, a los que consideran sus enemigos de clase. Pero no lo hacen a los que ayer fungieron como autores de la represión, del terrorismo de Estado, etc., si no a los gobernados que no se identifican con su raza, con su color de piel, con su ideología del odio, con el *jefe*. Nada importa la patria, nada importa el Estado, nada importa la sociedad, la hermandad, el bolivianismo.

Cada gobierno sólo gobierna para determinados grupos; no gobiernan para la patria, no gobiernan para todos los bolivianos. Esa es la conducta gubernamental de todos los tiempos y gobiernos.

13.17. La globalización al interior del gobierno

Entendemos por globalización a los cambios en las economías nacionales integradas a sistemas sociales abiertos e interdependientes, a economías sujetas a los efectos de la libertad de los mercados (neoliberalismo), las fluctuaciones monetarias (imperialismo) y a los movimientos especulativos de capital (capitalismo), cuya Tendencia de los mercados y de las empresas a extenderse sobrepasa las fronteras nacionales. En otras palabras globalización es todo lo contrario de lo que es el *proceso de cambio* del MAS; sin embargo, tanto el presidente Evo Morales, como su vicepresidente y los de la rosca presidencial, actúan más a favor dela globalización que del proceso de cambio. Una vez más recurrimos al libro de Jaime Mendoza (El último supremo), donde cual analista profético, cuando se refiere al vicepresidente del Supremo, señala: Maverick, en su calidad de segundo hombre de la república, fue un ilustrado terrorista burgués hijo de un ex militar (comprometido con las dictaduras) identificado con los aimaras que forma parte de un gobierno elegido democráticamente, pero que gobierna dictatorialmente, que critica con dureza y exabruptos intelectuales al capitalismo y al neoliberalismo, pero que usa un avión francés con motor inglés y tecnología americana (avión costoso que sólo pueden pagar los multimillonarios imperialistas), que recibe y manda mensajes en un Ipod norteamericano, y habla en un carísimo celular chino, que hace tratados con Corea del Sur (capitalista y satélite de Estados Unidos) a través de una computadora portátil ensamblada en México, y que usa un auto japonés, con motor alemán, manejado por un conductor plurinacional, que siempre festeja con whisky escocés al ritmo de música puertoriqueña, con toques de cocaína del Chapare. Todos estos hechos fueron descubiertos por un periodista boliviano que lo filmó con una cámara china. Filmación que fue llevada al canal en una moto taiwanesa. El vicepresidente, cuando sufre de rabietas inmediatamente es atendido por médicos cubanos quienes le recetan medicamentos chilenos. Y cuando quiere informarse sobre algo o alguien apela a sus agentes encubiertos de Venezuela, y si quiere aún más información recurre a sus amigos narcos de México, Colombia, Surinam, Rusia, etc.; finalmente para que este artículo sea reproducido en todo el mundo, fue traducido al inglés y francés por un mestizo quien a esta hora nona, debido a un censo mal elaborado, se quedó sin nacionalidad."

13.18. Culto a la personalidad

El gobierno del MAS y el mismo Evo Morales y su vicepresidente durante casi todo su gobierno en sus discursos, entrevistas y conferencias de prensa utilizan términos como ser: *profundas transformaciones*, *descolonización*, *proceso de cambio*, etc.; sin embargo tienen una conducta gubernamental muy parecida o peor a la de los neoliberales, imperialistas, dictadores y otros tiranos que han existido a lo largo de la historia política y gubernamental de Bolivia. Para muestra basta traer a la memoria una de las tantas megalomanías del propio Evo Morales que diaria y constantemente le rindan *culto a su personalidad*, no importa que esta carezca de los principales elementos que caracterizan a una personalidad de la jerarquía de un presidente de la república. El culto a la personalidad que espera (a veces exige, el caso de que en plena calle y ante la vista de la población, con una seña exige que le amarren los zapatos) es aquel donde a él deben idolatrarlo como al primer presidente que está en el poder más tiempo, como al primer presidente de Bolivia que es, según sus aduladores, el líder mundial de los movimientos sociales; etc.

Evo Morales y su rosca presidencial encabezada por su vicepresidente su fiel adulón y admirador (sus razones físicas o políticas tendrá) deben recordar que el *culto a la personalidad* dedicado a Stalin tuvo un trágico fin. Recordemos que grandes intelectuales soviéticos, periodistas y gente del pueblo, una vez que denunciaron a Stalin por los crímenes cometidos durante su gobierno dictatorial en la ex URSS (purgas políticas, asesinatos, encarcelamientos, etc.) contabilizando millones de personas, **procedieron a borrar todo rastro del dictador**; es decir el nombre de Stalin **fue borrado** de los manuales de historia y de las obras de referencia soviéticas, los libros dedicados a él **desaparecieron** de las librerías y bibliotecas, luego sus restos fueron retirados del mausoleo de la plaza Roja moscovita. La ciudad

de **Stalingrado** fue **rebautizada** como Volgogrado, y en la prensa se permitió la difusión de críticas y tesis revisionistas **post-estalinistas** desarrolladas por intelectuales, periodistas, artistas, etc. Un final similar tendrían dictadores: Adolf Hitler, Saddam Hussein, Gadafi, incluso al tristemente célebre Idi Amín.

DEVOLVIENDO LOS DERECHOS SINDICALES A LOS TRABAJADORES

13.19. Dirigentes sindicales y su servilismo al gobierno

El sindicalismo es un movimiento de los trabajadores para lograr **mejoras salariales** y **mejores condiciones** de empleo, y defender a los trabajadores y sus fuentes de trabajo.

La **acción sindical** se produce cuando la negociación colectiva no tiene éxito y se rompen las conversaciones entre trabajadores y empresarios y/o Gobierno. Estas acciones son muy variadas, pero el método más común de la acción sindical, es la huelga.

Aquélla implementación laboral se la hace con **fines de práctica de justicia social a favor de los trabajadores**, pero con el actual gobierno, su rol real fue deformado completamente.

El gobierno del MAS, dinero y favores mediante, incluso amenazas judiciales (ya que muchos dirigentes tienen temas pendientes con la justicia) cambió el rol sindical de la Central Obrera Boliviana, de sindicatos y federaciones, pues a sus dirigentes los ha convertido en instrumentos serviles al gobierno, una subespecie de pongos políticos

Cuando surgen **amenazas** de parte de los sindicatos, contra el gobierno, **no es** para conseguir **beneficios** y **privilegios** para los trabajadores, sino para conseguir beneficios personales; de esta manera, los dirigentes, obtienen beneficios directos del gobierno ya que éste para tener más sujetos políticos y sindicales con tendencia al servilismo, les abren las puertas para que sean nombrados diputados, concejales, consejeros, o directamente son nombrados en cargos en los ministerios, viceministerios, etc.; en su defecto obtiene el gobierno su servilismo mediante prebendas económicas, o favores para acomodar a su gente.

Los dirigentes sindicales aparte de constituirse en una subclase de pongos políticos (la nueva especie que surge de la mezcla del sindicalero y oportunista con el pancista y falso defensor de sus bases), para mantener sus privilegios, cada vez que entra un nuevo gobierno, al principio, evitan confrontaciones con el gobierno; pero si las nuevas autoridades no les otorgan sus privilegios (cargos públicos, dineros, favores, etc.), generan huelgas, bloqueos, marchas, pero no para defender los intereses de los trabajadores, sino para hacer crecer sus panzas y billeteras; de este modo sus representados (los trabajadores) quedan absolutamente abandonados.

Cuando estalla o está por estallar un conflicto entre los trabajadores (aquellos cuyos dirigentes no se sometieron al gobierno del MAS), los de la rosca presidencial, en lugar de buscar soluciones a las medidas radicales de los trabajadores, busca enfrentamientos, pero no entre el Gobierno y el sindicato que demanda sus derechos, sino entre el sindicato contestatario y el sindicato paralelo o el sindicato pongo, creado a imagen y semejanza del MAS.

Los dirigentes pongos en Bolivia, previo acuerdo con los operadores gubernamentales (acciones de corrupción mediante) reciben instrucciones y cuando su capacidad de discurso ante las cámaras de los periodistas es menor, reciben libretos destinados a demostrar que el gobierno, especialmente el Presidente, haciendo lo mejor que puede para mejorar el bienestar de los trabajadores. Estos discursos fabricados por el gobierno y repetidos por los dirigentes controlados por el oficialismo, tienden a desorientar y dividir a las bases que una vez más son engañados, postergando sus derechos laborales.

Y cuando existen dirigentes leales a sus bases y a sus principios, los dirigentes corruptos y/o el gobierno, se encargan de aislarlos y/o destruirlos. Los casos más evidentes tenemos en el sector del magisterio (a excepción de aquellos dirigentes pongos que olvidando su origen pedagógico, son serviles al gobierno) y de ciertos dirigentes indígenas amazónicos.

Si realizamos un análisis exhaustivo y profundo, respecto a la necesidad de la existencia de las dirigencias sindicales, tal como existen ahora, las voces del pueblo (desde los periodistas hasta grupos sociales que no están vinculados a los mismos) indican que no deberían existir; y si fuera necesaria su existencia, tendrían que cambiar de conducta; es decir de oportunistas y aprovechadores, deberían ser honestos y éticos, lo cual, al estar vinculados al gobierno del MAS, muchos dirían que es misión imposible, pero, como se plantea en el acápite de "Soluciones", se exponen diferentes fórmulas para eliminar a esa clase de dirigentes pongos y corruptos, que abusando de la ingenuidad o el silencio de los trabajadores honestos cada día hacen crecer sus cuentas bancarias y sus panzas.

14. SOLUCIONES PARA LA REALIDAD Y PRO-BLEMAS GUBERNAMENTALES

14.1. Política gubernamental de brazos abiertos (Gobernando Juntos)

Toda persona que cuente con ideas, programas, proyectos, iniciativas, innovaciones y que sean viables y sirvan para mejorar la vida de todos los bolivianos (por ejemplo hacer de la salud y educación, instrumentos que mejoren la calidad de vida de cada boliviano y hacer de Bolivia una patria realmente moderna y protectora de la sociedad), gobernará junto a nosotros, sin importar su posición partidaria, su ideología, su sector, su condición social o racial.

Nuestra *Política de Brazos Abiertos* permitirá que, todos aquellos profesionales estatales (servidores y autoridades) que demuestren ser empleados "Triple E" (eficientes, eficaces y éticos), continuarán en sus funciones.

USUARIOS ESTATALES
14.2. Defensa del usuario de los servicios estatales

En cada institución estatal de atención al público, habrá una oficina de *"Servicios de control de calidad de atención al público"* cuyos funcionarios se encargarán de dar solución a los reclamos, quejas y/o denuncias de los ciudadanos que sufran por parte de un empleado o autoridad estatal, mala atención, negligencia, o que hayan sido víctimas de intentos de corrupción, etc.

Todo reclamo justificado sobre cuestiones estatales que sea presentado por el usuario, (sea personalmente, vía teléfono, Internet, carta) **tendrá atención inmediata** a través de la *Unidad de Servicios Inmediatos al Usuario.*

14.3. Facilitadores Estatales

En cada institución estatal de atención directa al público, habrá una oficina a la que podrá recurrir el usuario para solicitar que se le ayude a agilizar su trámite.

El usuario podrá pedirle al *facilitador estatal* que le oriente en la presentación de los requisitos exigidos por la entidad estatal;

además el *facilitador estatal* tendrá potestad para hacer seguimiento al trámite del usuario.

Los usuarios podrán hacer sus trámites en forma directa, sea desde su domicilio, oficina, etc., a través del "*Sistema computarizado para trámites estatales*". Para ello sólo debe registrarse en dicho sistema con su Carnet de Identidad, o con la personalidad jurídica en el caso de las empresas, comercio, etc.

Este sistema favorece al usuario y también al Estado, ya que el usuario se evita el desplazamiento hasta las oficinas estatales; y los empleados estatales, podrán ampliar el número de atenciones a los usuarios.

Nunca más el "vuélvase mañana" o el "le falta tal documento".

Los *atrasos* y perjuicios de trámites serán cosa del pasado.

14.4. Academia de la conciliación entre Estado y Pueblo

Vamos a construir una administración estatal que responda, no a las ideas, deseos e intereses del partido en función de gobierno, sino a las exigencias de los gobernados; es decir vamos a contar con una administración de servidores públicos, que respondan con inmediatez no a los órdenes y deseos de sus superiores, sino de los requerimientos y necesidades de los usuarios, por consiguiente se creará la *Academia de la conciliación* entre los gestores de demandas y autoridades del gobierno. Los académicos serán elegidos por el mismo pueblo, previo reconocimiento de méritos no sólo profesionales, sino éticos y morales.

14.5. Nueva conducta gubernamental

El nuevo gobierno pondrá en práctica la doctrina estatal de la "Triple E" y la "Triple H"; es decir al implementar los principios propuestos por la doctrina de **La Revolución del Comportamiento**, obligatoriamente se cambiará la conducta política y gubernamental de los gobernantes, de los funcionarios públicos y por, extensión reflexiva, de los gobernados.

No se detendrán nuestros esfuerzos hasta que las autoridades (desde el Presidente de Bolivia hasta el último de los empleados públicos) practiquen su labor cotidiana, guiados por principios estatales de alto nivel ideológico y, a la vez, patriótico, y respeten, protejan y ayuden a proteger los mandatos de constitución y de las leyes bolivianas. Para lograr éste objetivo, sólo se requiere compromiso y enorme voluntad; de esta manera, gobernantes y gobernados debemos cambiar la conducta de ayer y la de hoy, por la conducta del mañana, cuyo principal pilar será revolucionar el comportamiento de todos los bolivianos, en particular de la clase política.

Para dar el primer paso de la construcción de la **Bolivia Amable y Moderna** tenemos que recuperar a nuestra Patria-Madre, y para ello, tenemos que desterrar o sepultar definitivamente a los políticos y gobernantes de ayer (los **dinosaurios**) y, en especial a los de hoy (los **trogloditas**).

¿Por qué? Porque nuestra gente necesita crecer, desarrollarse y vivir en un país con gobernantes honestos, éticos, eficientes, sobretodo patriotas; pues las generaciones del tercer milenio no pueden, y los de las generaciones del siglo pasado, no podemos permitir que sigan existiendo políticos y gobernantes sobresaturados de vicios, taras y defectos que derivan en actos propios de dictadores, unas veces autoritarios y totalitarios, otras veces, megalómanos al extremo de creerse divinos teócratas.

14.6. Empleados y autoridades estatales del Tercer Milenio

Vamos a construir una administración estatal que responda, no a las ideas, deseos e intereses del partido en función de gobierno, sino a las necesidades del Estado y buscando el beneficio del pueblo.

Los servidores públicos trabajarán ya no con la clásica mentalidad de empleado público (bajo rendimiento, mala atención al público, demasiadas ausencias del puesto de trabajo, etc.). Los empleados esa vieja costumbre de adulado servilismo a las órdenes y deseos de sus superiores. Los empleados públicos trabajarán demostrando en los resultados finales un alto y diario rendimiento en sus tareas asignadas.

Se implementarán programas para anular el comportamiento de ciertos empleados que tienen conductas de **pequeños reyes**;

en su lugar se impondrá la mentalidad para que las autoridades y empleados estatales tenga un comportamiento de: empleados públicos al servicio de la sociedad que requiere de sus servicios.

Se erradicará definitivamente el abuso de autoridad, el mal trato, la mala atención y la indiferencia perjudicial que expresan ciertos empleados y autoridades estatales hacia los usuarios.

Se impondrán conceptos de desarrollo estatal tal como la:

Eficiencia; es decir todo empleado público (también las autoridades, sin importar su jerarquía), deben ser eficientes, para así obtener más y mejores resultados en sus deberes y obligaciones cotidianas, como también las de corto, mediano y largo plazo. En otras palabras, para ser **eficiente debe realizar su trabajo con el menor costo posible y en el menor tiempo**, **sin desperdiciar** recursos económicos, materiales y humanos; pero a la vez debe hacerlo con **calidad**. Esto implica, a su vez, el uso selectivo de tres elementos que debe tomarlos en cuenta:

↑   Resultado final positivo de los objetivos propuestos.

↑   **Menor costo** posible en insumos y recursos que se requieran para alcanzar el resultado final.

↑   En el **menor tiempo** posible, ya que las demoras implican costos económicos y/o políticos que pueden perjudicar todo un proceso, con las consiguientes pérdidas para el Estado.

Un empleado público, o una autoridad, puede cumplir correctamente con su horario de trabajo, pero esto no significa que sea eficiente, ni eficaz, más aún cuando su labor no es productiva. Al respecto debemos diferenciar entre ser productivo, y cumplir las tareas asignadas. Un trabajador mediocre (el típico empleado público) se conforma con cumplir su horario y realizar las tareas cotidianas previamente asignadas; por su parte un empleado eficaz cumple sus tareas asignadas y **aparte de ello, produce** tareas que mejoran la calidad estatal de su cargo o puesto laboral, éste es el empleado eficiente y eficaz. Y así serán los empleados estatales en el nuevo gobierno.

14.7. Cambio de conducta estatal y gubernamental

El concepto principal de la Bolivia Moderna y Amable es propagar la filosofía de la transformación para cambiar el comportamiento gubernamental y estatal de autoridades electas y designadas, como de empleados públicos.

Como gobernantes del tercer milenio implementaremos los principios gubernamentales de la Revolución del Comportamiento, para cambiar la conducta política y gubernamental de los servidores públicos y de las autoridades electas y designadas, para que todos trabajen en beneficio de Bolivia y en favor del bienestar de absolutamente todos los bolivianos.

Todos los empleados públicos y autoridades estatales, especialmente a las gubernamentales, gracias al cambio generacional que proponemos, tendrán el sello de **carácter nacional** para así poner en práctica diaria y constante la conducta y la praxis de la "**Triple E**": **ética**, **eficiencia** y **equidad**; como de la "**Triple H**": **honestidad**, **honradez** y **honorabilidad**.

14.8. Profesionalización estatal

La capacitación para un comportamiento ético, honesto y transparente de los funcionarios públicos llevará a profesionalizar a todos los empleados estatales para que los mismos tengan un estatus de jerarquización constitucional, legal y estrictamente meritoria en lo profesional, académico y científico. La profesionalización implica a jefes y a personal de base.

La profesionalización tendrá sus principales fundamentos en la eficiencia, capacidad y ética estatal y personal, manifestada diariamente en el área de actuación. Actuación que debe mostrar transparencia y honestidad integradas en beneficio de los usuarios y del Estado; y no en beneficio de los gobernantes o de los mismos empleados estatales.

Todos los funcionarios estatales (de todos los niveles) obligatoriamente deberán aprobar los exámenes de capacitación denominados "*Comportamiento Estatal del Tercer Milenio*".

La filosofía del *Comportamiento Estatal del Tercer Milenio* se basa en el visible trato de excelencia a los usuarios, en la eficiencia y eficacia de la labor cotidiana del servidor público, en la transparencia y honestidad manifestada en su conducta laboral, etc.).

La capacitación será universal para todos los empleados estatales, incluidas la Policía y las Fuerzas Armadas.

Las instituciones son sagradas, pero no sus miembros.

14.9. Evaluaciones de rendimiento de las instituciones estatales

Los empleados estatales, en la actualidad, lo que deberían producir en diez minutos, lo producen en una hora y más de la veces, mal; por lo tanto, se impondran en todas las instituciones estatales la filosofía del aceleramiento del tiempo de producción para revertir la baja producción laboral.

Semestralmente los funcionarios y autoridades de todas las instituciones estatales y de todos los órganos del Estado, FF.AA. y Policía Boliviana, serán evaluados por el *Consejo Estatal de Bolivia*" ("**CONEB**").

La finalidad será para emitir un informe de recomendaciones que será remitido a la MAE de cada una de las instituciones y órganos del Estado para que sepan dónde están fallando, qué deficiencias tienen, etc. Este informe de recomendaciones estará disponible en la WEB del **CONEB**.

En casos extremos, donde una institución o uno de los órganos estatales tenga mayores yerros que aciertos, las recomendaciones del **CONEB** tendrán carácter vinculante y de cumplimiento obligatorio.

El **CONEB** estará conformado por hombres y mujeres notables y altamente meritorios en sus respectivas profesiones y áreas de trabajo. La selección y elección se hará de manera pública mediante convocatoria donde se calificará por méritos, valores éticos y capacidades profesionales.

CONTROLES ESTATALES

14.10. Control directo e inmediato de fortunas de empleados estatales

Conforme a Ley, el *Comité de Verificación de Fortunas*, por oficio y/o petición de una autoridad, podrá averiguar la situación económica y la procedencia de todos los bienes del empleado estatal investigado; verificación que puede extenderse a los inmediatos superiores.

La institución llamada por Ley, podrá averiguar el antes, durante y después de su estadía en el gobierno de cada autoridad estatal que cese en sus funciones. Se va a verificar su situación económica y la procedencia de todos sus bienes. La misma aplicación se hará a los dirigentes sindicales y cívicos y otros.

14.11. Control y lucha contra el abuso de autoridad

Se creará la *Ley contra el abuso de autoridad*. Todo abuso por parte de autoridades y/o funcionarios estatales, sin interesar la jerarquía ni la institución a la que pertenezcan, será investigado por la "*Comisión del respeto al ciudadano*". Está comisión estará conformada por destacados hombres y mujeres de reconocida ética, honestidad y profesionalismo.

Los nueve miembros serán elegidos (tres) por sus antecedentes intachables de notables; (uno) del ámbito de Derechos Humanos, (uno) del "Defensor del Ciudadano", (uno) del "Defensor del Pueblo", (uno) de la Prensa, y (dos) del sector de la abogacía.

Se implementará programas para que las autoridades y empleados estatales sean serviciales y sociables definitivamente ese comportamiento de actuar como pequeños reyes; es decir, se erradicará definitivamente el abuso de autoridad, el mal trato, la mala atención y la indiferencia que manifiestan ciertos empleados y autoridades estatales hacia los usuarios (o entre los mismos compañeros de trabajo).

14.12. Prohibiciones de concentraciones, marchas de apoyo y otros de empleados estatales

Ningún trabajador estatal, ningún ciudadano, sin importar el sector al cual pertenece, nunca más será obligado a asistir a marchas, concentraciones de apoyo al gobierno, al partido, etc., excepto los desfiles y/ concentraciones cívicas por el día de Bolivia (nuestra Patria-Madre), y los días del departamento y/o del municipio.

ESTÍMULOS LABORALES (UNA NUEVA Y MODERNA CONQUISTA SOCIAL)

14.13. Trabajadores estatales con nuevos privilegios:

El sistema de *Red de Laboreo Estatal* ayudará al empleado estatal en lo profesional, familiar, económico, social, cultural, deportivo.

↑   **Trabajando desde su casa.** El empleado estatal que tenga dificultades para asistir a su fuente de trabajo (por estar al cuidado de sus hijos menores, por impedimentos para desplazarse, por alguna enfermedad, etc.), siempre y cuando las circunstancias y el tipo de trabajo que realiza lo permitan, o el sistema de trabajo que realiza no requieran entregas físicas, podrá realizar su labor cotidiana desde su casa; es decir el Estado aceptará solicitudes de los empleados públicos que quieran trabajar desde sus hogares; para ello utilizará la *Red de Laboreo Estatal* mediante los instrumentos electrónicos de la modernidad (Internet, celular, etc.). Sólo podrán optar en esta modalidad aquellos empleados cuya presencia física pueda prescindirse en su puesto de trabajo.

↑   **Trabajadores estatales de medio tiempo.** Se creara la opción de *trabajo de medio tiempo* para aquellos empleados que, por estudios, necesidades personales, familiares, etc., se vean obligados sólo a trabajar **medio tiempo**.

Este nuevo sistema de trabajo hará que muchos trabajadores estatales no tengan que estar desesperados para llegar a sus fuentes de trabajo. Esta modalidad no sólo beneficiará al trabajador de medio tiempo, sino a una parte de la sociedad, ya que las horas picos tendrá un poco más de fluidez.

↑   **Reducción del trabajo/hora/día/semana.** Se hará un ajuste de horas trabajo/año, para disminuir las mismas, de tal modo que la semana laboral sea más corta. Este sistema estará en función al tipo de trabajo que realice el empleado estatal y a su rendimiento trabajo/hora/día/semana.

Con estos sistemas eliminaremos las taras laborales de los

empleados públicos. Entre las más frecuentes tenemos: **ausentismo** momentáneo de sus escritorios o ventanillas, de sus oficinas o despachos (para ir al baño y/o 'charlar' lejos de las miradas de los usuarios o de los mismos colegas de trabajo); **desgano** y poca eficacia y casi ninguna eficiencia en las labores encomendadas; **bajo** rendimiento por tabaquismo, alcoholismo o alguna enfermedad circunstancial, más de las veces inventada; **tiempo mal empleado** en la ejecución de sus tareas inmediatas, como las de corto, mediano y largo plazo; ejecución **mal intencionada** de sus tareas diarias; **mala** predisposición hacia los usuarios.

↑   **Puesto ideal para el empleado idea.** Muchos empleados están en el puesto equivocado. Un empleado debe trabajar allá donde sea más competente, eficaz y eficiente.

Creación de la *Unidad de Detección Profesional* para reubicar correctamente a los empleados públicos.

Los costos de producción de un empleado público en relación a su rendimiento laboral por estar en el lugar equivocado, causan perjuicios económicos al Estado.

Estos nuevos sistemas de trabajo tendrán **ventajas para el empleado estatal del hogar.** En lo **profesional** dispondrá de tiempo para seguir adquiriendo nuevos y más conocimientos en el campo de su competencia para así lograr ascensos de cargo y/o categoría, lo que le significará mejores salarios.

En lo **familiar**, podrá cuidar o interactuar con mayor frecuencia con su familia, en especial con sus hijos.

En lo **económico**, ahorrará en transporte y tiempo utilizado en su desplazamiento, desde su hogar hasta su trabajo y viceversa.

En lo **social** podrá disponer de más tiempo para sí, para su familia, para sus amigos y vecinos.

En lo **cultural** y **deportivo** podrá realizar una vida activa sea en la danza, el arte, la literatura, etc. y en la práctica de sus deportes favoritos, ya que contara con el plus del tiempo ahorrado evitando el desplazamiento de ida y retorno a su trabajo.

14.14. Ascenso de cargo (selección y elección)

Los ascensos de cargo estarán en función a:

↑   La eficiencia, eficacia y ética como profesionalismo (o experiencia) de la labor personal y colectiva del postulante.

↑   Demostrar fehacientemente que sus labores diarias y conocimiento del área de su trabajo cotidiano, como la atención a los usuarios estatales, son eficientes y eficaces, y que su compromiso es con la Patria y no con el gobierno, con sus jefes y/o amigos, familiares, conocidos

↑   Que sus méritos y créditos profesionales o empíricos, lo mismo que su experiencia, son demostrables.

El objetivo principal de un empleado estatal, no es adular o servir al gobierno, sino consolidar el poder del Estado y lograr el bienestar de los gobernados.

14.15. Iniciativas e innovaciones propuestas por los empleados estatales

Debemos cambiar esa mentalidad de los responsables de instituciones estatales (órganos Legislativo, Judicial, Electoral, Fuerzas Armadas, Policía Boliviana, Universidades estatales, etc.) de someter a los empleados estatales (lo mismo que a las autoridades electas y designadas que no están en las altas esferas gubernamentales) a obedecer "la línea" impuesta por la jerarquía presidencial (la rosca que rodea y controla al presidente), perjudicando con dicha conducta al Estado y también al Pueblo.

14.16. Premios especiales a los mejores empleados estatales

Cada empleado estatal que por iniciativa, innovaciones, ideas, proyectos u otros logre beneficios para su institución, para el Estado o para el pueblo, recibirá premios económicos. Los empleados estatales más destacados se harán acreedores a becas para especializarse en el país o en el exterior de acuerdo a sus capacidades, talentos e iniciativas.

Premios económicos y vacacionales (Ver *Centro de vacaciones para el personal estatal*). En cada departamento deben construirse centros vacacionales para los empleados estatales.

Los empleados de un ente estatal que hayan logrado, mediante políticas de austeridad, "gastar correctamente los dineros estatales" y que probatoriamente se demuestre ahorros internos de su presupuesto, un porcentaje no menor a la cuarta parte, será destinado como premio para que sea distribuido, por partes iguales entre los empleados ahorradores.

14.17. Premio a la excelencia gubernamental de autoridades y empleados

Se debe construir la "Mansión de los Dignatarios de Estado Honorables"

Aquí, aparte de la imagen en cera (en tamaño real) del dignatario de Estado Honorable, estará en un documental las laborales desempeñadas en favor de Bolivia y de los bolivianos; y en una placa visible se grabará la leyenda de gratitud de Bolivia y de los bolivianos por la excelencia de haber administrado la cosa pública con honorabilidad, dignidad y honradez. Además estarán sus fotos y de su familia.

En este mismo lugar, pero en la parte trasera, oscura y abismal, estará el *museo de las autoridades no gratas*; con placas donde estén grabados sus actos delictivos; es decir será el "sepulcro" de las malas autoridades que de una u otra forma le hicieron daño a Bolivia y a los bolivianos.

Con esta iniciativa forjaremos un nuevo Gandhi, un Mandela, un Mujica en Bolivia; y eliminaremos a futuros tiranos, dictadores y megalómanos cubano-estalinistas o de cualquier otro corte dictatorial y totalitarista.

DESARROLLO ESTATAL FOMENTADO POR EL GOBIERNO

14.18. Creación de Academias y Centros de Investigaciones Estatales

↑ El **Centro de Investigación de Estrategias y Políticas Estatales**, autónomo e independiente del gobierno, tendrá por misión realizar investigaciones de orden político, gubernamental, social, económico y geopolítico, para generar estrategias y políticas de Estado que sean necesarias para el fortalecimiento del Estado, y para favorecer al bienestar material y abstracto de todos los gobernados.

↑ **Laboratorios de investigación gubernamental.** Los simposios de seguimiento gubernamental conformado por profesionales meritorios e independientes de los partidos políticos y del gobierno para que, en casos de que las autoridades gubernamentales, se salgan de la línea legal, constitucional, política, gubernamental, incluso moral, hagan públicamente las respectivas observaciones hasta que el gobierno se rectifique conforme a los mandatos legales y/o constitucionales. Los componentes de estos simposios serán profesionales en ciencias políticas y sociales, totalmente independientes del gobierno y de los partidos políticos.

↑ **Academia de Investigación Científica y Tecnológica.** Se creará centros de investigación científica tanto con bolivianos como con científicos extranjeros invitados. Bolivia se convertirá en el epicentro científico de la región. Todos los científicos trabajarán en investigaciones multidisciplinarias como ser científica, tecnológica, cibernética, social, política, etc.

↑ **Laboratorios de ciencia, tecnología, electrónica, nanotecnología y computación.** Se creará laboratorios estatales de investigación tecnológica cibernética y físico-cuántica. Profesionales, académicos, profesores y estudiantes de universidades, colegios e institutos, con total independencia del gobierno, podrán participar en las investigaciones.

↑ **Banco Estatal de Proyectos.** Toda persona podrá inscribir su o sus proyectos en el *Banco Estatal de Proyectos*. (BEsPro) Si el o los proyectos fueran aprobados para su implementación, el proyectista, aparte de recibir la respectiva remuneración económica, podrá formar parte del equipo que lleve adelante el proyecto. Toda persona, profesional o no, joven o adulto, puede inscribirse gratuitamente en el **BEsPro**". Los profesionales de las diferentes áreas pueden inscribirse a través de sus respectivos entes colegiados o de manera personal.

↑ **Elaboración de proyectos estatales.** Para la elaboración de proyectos estatales, se contratará a profesionales por compulsa abierta donde, una vez vencidos los exámenes de competencia, se verificará durante una segunda competencia la exactitud aproximada del primer examen, para así eludir ´arreglos´, "venta" de exámenes, favoritismos y otros actos ilegales que puedan perjudicar a los verdaderos profesionales y favorecer a trúhanes que, debido a su capacidad delictiva de carácter intelectual, también podría causarle mucho daño al Estado.

14.19. Apoyo a artistas, músicos, pintores, escritores, poetas, ensayistas.

Se creará espacios laborales, de investigación, de contactos internacionales para los artistas, músicos, pintores, escritores, poetas, ensayistas y otros del universo musical, artístico y literario bolivianos.

Se creará espacios culturales académicos para que nuestros niños, jóvenes y adultos, hombres y mujeres, descubran sus talentos natos.

Toda obra artística, musical, poética, literaria, etc. de nuestros creadores bolivianos, tendrá permanente apoyo estatal.

14.20. Ministerios Departamentales

Se creara los Ministerios departamentales para que cada ministro y su equipo estudien, analicen y propongan programas, proyectos y planes de desarrollo para todo el departamento, respetando las competencias y mandatos constitucionales.

Los ministerios departamentales se encargarán de coordinar acciones de toda índole entre el gobierno central y el gobierno departamental, incluyendo a los gobiernos municipales. Las acciones están dirigidas a mejorar el desarrollo del departamento, a hacer conocer las necesidades como también los proyectos, programas e iniciativas departamentales y municipales.

14.21. Innovación en la elección interna del partido de senadores y diputados

Los partidos políticos tanto de ayer como de hoy, **seleccionan** y **eligen** a los candidatos a diputados y senadores sin tomar en cuenta los conocimientos legislativos, méritos, especialidades profesionales, etc. Por lo general, proceden a la "elección" de candidatos mediante el dedo del jefe del partido, también tenemos la compra de la candidatura por parte del candidato quien paga pero exige estar dentro la "franja de seguridad". Ese es el procedimiento de la elección partidaria de senadores y diputados, y también se eligen a candidatos, tal es el caso del MAS, **sumisos, serviles** y **manipulables** que provienen de sindicatos, movimientos sociales y del seno de la rosca presidencial.

De ahí el origen de la conducta de los asambleístas nacionales, quienes casi nunca generan leyes, jamás controlan y fiscalizan a los órganos del Estado, a las instituciones y empresas públicas; desconocen el destino final de los recursos estatales, no realizan investigaciones estatales, etc.

Por lo expuesto, promulgaremos una Ley para que las entidades políticas reconocidas legalmente por el Órgano Electoral, incluyan obligatoriamente en sus listas de candidatos al cargo de diputados y senadores hombres y mujeres con capacidades legislativas, gubernamentales, científicas, técnicas, etc.

Para demostrar la convicción de lo que decimos, se debe dar el ejemplo de revolución democrática, pues aparte nuestros militantes podrán presentarse como candidatos a senadores y diputados y/o y elegir a los mismos. El partido que busque revolucionar la nueva conducta, por primera vez en la historia del país y quizás del mundo, como parte de sus innovaciones políticas, sus candidatos a la Asamblea Plurinacional se distribuirán en porcentajes de la siguiente manera:

Expertos y profesionales en el área administrativa legislativa, estatal y gubernamental (30%)

Hombres y mujeres de las tres generaciones (18 a 30 años, 31 a 50 años, 51 años en adelante) con iniciativas, ideas, ideologías a favor de Bolivia y de los bolivianos y la respectiva preparación legislativa (25%).

Hombres y mujeres indígenas, campesinos y trabajadores que tengan experiencia en el campo social y sindical (25%)

Políticos con experiencia legislativa y gubernamental (20%).

LIBERTAD DE PRENSA Y PROTECCIÓN A LA LIBRE EXPRESIÓN

14.22. Medios de comunicación con absoluta libertad de expresión e investigación

Todo ciudadano (periodista, generador de opiniones, analista, intelectual, contestatario, ciudadano de a pie, etc.) podrá hacer uso de todos los medios periodísticos y otros que estén a su alcance y expresar sus opiniones con absoluta libertad de expresión; sólo debe hacerlo responsablemente dentro los márgenes de las reglas de oro del periodismo y del respeto, la educación y la moral.

Para garantizar la Libre expresión de todos los bolivianos y en todas sus formas, vamos a crear la *Unidad de Garantías y Derechos de la Libre Expresión.* Todo ciudadano sea periodista, generador de opiniones, analista, intelectual, contestatario, o un ciudadano de a pie, podrá hacer uso de todos los medios que estén a su alcance y expresar sus opiniones en contra o a favor del gobierno, de las autoridades, de los líderes, etc.; sólo debe hacerlo dentro los márgenes del respeto, la educación y la moral.

14.23. Radio comunicación instantánea (Radio/Televisión por Internet).

Fomentaremos la creación de radios libres de comunicación instantánea entre radio escuchas y la emisora de su preferencia; lo mismo que televisión instantánea para la difusión de sus respectivos programas; sólo se exigirá el cumplimiento de la responsabilidad periodística en lo ético y moral y en el cumplimiento de las normas técnicas referidas al espectro radial y televisivo.

14.24. Devolviendo a los periodistas los privilegios del "cuarto poder"

El *cuarto poder del Estado* les fue arrebatado a los periodistas y fue regalado a los de la (ex) Corte Electoral. Pues es más fácil someter a funcionarios del Órgano Supremo Electoral que a periodistas independientes, contestatarios, éticos y valientes.

Durante el nuevo gobierno los periodistas sin distinciones gozarán del privilegio de ejercer libremente su profesión, pues una prensa libre, una prensa independiente, ética y honesta es lo que necesitan gobernantes y gobernados, ya que la prensa refleja el día a día de lo bueno y lo malo, lo justo y lo injusto, lo censurable y lo elogiable no sólo al interior del pueblo, sino al interior del gobierno, de los partidos, de las empresas, de todo el país y del mundo en general. Y sólo una prensa libre, independiente, ética y honesta puede ayudar a construir una Bolivia amable y Moderna.

15. LA GRAN PATRIA BOLIVIANA PARA TODOS LOS BOLIVIANOS
Siglo XIX la Revolución Independentista

Revolución de Chuquisaca.

El 25 de mayo de 1809 en Chuquisaca (Bolivia), ocurre el primer gran suceso de reacción insurreccional con decisión y apasionamiento ideológico por la independencia del colonialismo español. Aquel 25 de mayo, se produciría el primer desconocimiento de las autoridades españolas y junto a éste **desconocimiento el primer intento libertario de toda América Latina.** Intento que daría lugar a múltiples levantamientos y a infinidad de revoluciones, batallas y guerras que **conducirían al inicio del proceso más largo,** más importante y legendario, casi mitológico **de toda la historia de la humanidad: la independencia** del territorio más extenso del mundo colonizado: América y, por supuesto **el Alto Perú (Bolivia).**

Revolución del 16 de julio.

Un mes y medio más tarde (16 de julio de 1809), en La Paz (Bolivia), se presenta el segundo intento independentista de todo el continente latinoamericano. Levantamiento que confirmaría el pensamiento y los sentimientos independentistas del continente americano, puesto que a partir de éste segundo acto revolucionario americanista, los idealistas, los intelectuales y los pueblos sometidos por el colonialismo hispano, dan continuidad a los levantamientos revolucionarios de Chuquisaca y de La Paz. La luz libertaria de la tea que dejó encendida don Pedro Domingo Murillo, se expandiría por todo el continente americano.

15.2. El patriotismo como ideología de Estado

Durante una reunión de intelectuales, alguien preguntó: ¿En qué se parece un gobernante patriota boliviano a un dinosaurio?

La respuesta fue inmediata: ¡En que ambos están extinguidos!

La respuesta es evidente: ¡En la Bolivia Plurinacional (como en la de la república) **no han existido ni existen políticos y gobernantes patriotas!,** por consiguiente no hay gobernantes, tampoco políticos que actúen inspirados por el ideal de patria.

Aquélla afirmación expresa el testimonio del accionar de los políticos y gobernantes bolivianos: gobernar sin ideales de patriotismo, pero sí con ganas de robar, robar y robar; es decir, los gobernantes carecen del ideal de patriotismo, pero están sobresaturados por el ideal de la corrupción gubernamental.

En la Bolivia actual, descontando a los excepcionales, no existen políticos y gobernantes que, al igual que los célebres idealistas, **luchen y mueran por el engrandecimiento de Bolivia y por el bienestar de <u>absolutamente</u> todos los bolivianos**; al respecto, podríamos afirmar que los políticos y gobernantes bolivianos, difícilmente se arriesgarían para hacer de Bolivia una gran Patria y de los bolivianos una gran Nación, si en ello tuvieran que arriesgar su vida.

Un gobernante patriota es aquel que piensa y actúa con sentido de patria, que tiene un compromiso implícito y, más de las veces, silencioso, con su patria; el gobernante patriota busca el fortalecimiento del Estado y de sus instituciones, y por otro lado busca beneficiar y brindar protección a todos los gobernados, finalmente, sin excepción alguna, a cada gobernado les brinda sus derechos individuales, su seguridad social, económica y civil (convertidos en derechos de patria potestad y conforme lo estipulan los mandatos constitucionales).

Los gobernantes que aman y respetan a su patria, mediante pequeños y constantes actos de práctica patriótica, construyen la grandeza de su patria, generando sentimientos de orgullo y felicidad en sus habitantes. En el contexto de estas acciones **no hay** jefes, **no hay** caudillos oficialistas ni de oposición, **no hay** caciques, ni jerarcas, **no hay** megalómanos, ni dictadores, sólo hay gobernantes con pensamiento y comportamiento de patriotismo.

¿Pero qué sucede en la cotidianeidad política y gubernamental de Bolivia? Los intereses de la clase gobernante de turno, siempre se han fortalecido mediante la total subordinación de las autoridades de los otros poderes estatales, incluso de la prensa y de ciertos intelectuales, quienes se ponen al servicio, no de

Bolivia (como patria), sino del partido en función de gobierno, soldando a ello una lealtad incondicional al *jefe* o a la rosca presidencial.

Durante la guerra de la independencia, la **lealtad obligada** que le rendían al monarca (en este caso al virrey) es reemplazada por la **lealtad espontánea** a favor de la independencia del Alto Perú (lo que hoy es Bolivia). En cambio en la Bolivia tanto republicana como plurinacional, las autoridades gubernamentales, manifiestan lealtad obligada al *jefe* (y a la rosca presidencial); pero es una lealtad que nace como producto del miedo y/o de la conveniencia circunstancial (abultadas prebendas económicas, ventajosos cuoteos políticos de cargos y pegas estatales o amenazas judiciales y/o tributarias, etc.).

Con los dirigentes sindicales, sociales, cívicos, etc., sucede lo mismo, por esta razón, la independencia política de éstos dirigentes, tiene sus limitantes, y una de ellas se manifiesta cuando el partido en función de gobierno, realiza alianzas, pactos, acuerdos y otro tipo de contubernios con aquéllos dirigentes los convierte en sus vasallos. En la actualidad (enero 2018) los dirigentes de los movimientos sociales se han vuelto una especie de micro satélites gubernamentales; pues el gobierno, a través de dichos dirigentes monitorea el comportamiento de las bases sociales y/o de posibles contestatarios a las políticas y actos gubernamentales.

En el caso de las personas de influencia intelectual, periodística, política, religiosa, etc., la conducta salta de un extremo a otro; si alguno de los que pertenece a aquéllos sectores, se identifica (política, social o familiarmente) con el *jefe* o con alguno de la rosca presidencial, o con el partido en función de gobierno, exagera en sus elogios, que, más de las veces, son simples y triviales adulaciones; pero si están en contra del *jefe* o del gobierno, las vituperaciones no tienen límites, y se usan toda clase de artimañas y falacias para tratar de desacreditar al *jefe* y/o a su gobierno. Por lo general, la aprobación o reprobación de los actos gubernamentales, no es producto de un racional examen o de juiciosas investigaciones, sino es el fruto de sentimientos, en unos casos, cuando se trata de aprobar, con estúpido fanatismo, al gobierno; o cuando se trata de censurarlo se lo hace con exagerada vituperación.

¿En nuestra vapuleada Bolivia, existen o no gobernantes que, al igual que los célebres revolucionarios de la independencia, al igual que los mártires revolucionarios, que lucharon y murieron por el bien mayor: la independencia y la libertad absoluta de nuestra patria, puedan ofrendar su vida para defender y dignificar a Bolivia y a los bolivianos? La respuesta es un contundente ¡**NO**!

¡En la Bolivia actual no existen gobernantes, ni políticos, que den su tiempo, sus conocimientos y su vida por ideales que impliquen la práctica diaria del patriotismo!

15.3. ¿A qué se debe la falta de patriotismo de los políticos y gobernantes bolivianos?

Para entender la dramática falta de patriotismo, el lector tiene que partir de las verdades históricas, sean lejanas, pasadas, cercanas y/o recientes, como de la realidad en que se encuentran Bolivia y los bolivianos; es decir obligatoriamente debe **conocer, en todas sus formas, tiempos y espacios, el pasado y el presente de gobernantes y gobernados, como del mismo Estado.**

Exigir el trabajo y el sacrificio heroico de los bolivianos (de los **excepcionales**), en los momentos más difíciles que atraviesen Bolivia y los bolivianos, y lograr su **defensa**, su **protección** y **conservar** la **integridad** tanto de su **honor** y **dignidad**, como de su **soberanía**, debería ser más que una tarea, un compromiso ideológico, cívico y real de todos los bolivianos, en general, pero de manera especial de los gobernantes.

La patria tiene derecho a que nuestra alma, nuestro talento y nuestra razón le consagren sus mejores y más nobles facultades. Éste pensamiento concebido hace más de dos mil años atrás por Cicerón. Una vez llevado a la práctica por los gobernantes, haría de Roma, por más de 400 años uno de los mayores y más poderosos imperios de toda la historia de la humanidad.

El gobernante patriota que quiera construir una Bolivia **digna y**

soberana en la que todos los bolivianos tengamos **fe, esperanza, seguridad y bienestar**; una Bolivia, en la que todos los bolivianos vivamos en un hogar de paz, seguridad y tranquilidad, una Bolivia que a diario **nos inspire orgullo, dignidad, respeto y solidaridad,** tiene que hacer del patriotismo, una ideología y práctica nacional; es decir, sumando y multiplicando esfuerzos y decisiones, debe luchar y trabajar para así **concretar** el **fortalecimiento y la grandeza** de Bolivia.

Los nuevos gobernantes deberían tomar como referencia la sencillez filosófica y patriótica de los artistas y poetas que aman a Bolivia, y que ese amor lo traducen en su arte y en su poesía; al respecto tomaremos el ejemplo de dos canciones: "*Viva mi patria Bolivia*" del compositor Apolinar Camacho, y "*Rojo, amarillo y verde*" que lo canta Juan Enrique Jurado, canciones que conllevan un alto contenido patriótico, y que ha logrado que millones de bolivianos se llenen de orgullo al escuchar y/o cantar estas canciones, especialmente *Viva mi patria Bolivia,* que es considerada como el *segundo* himno de Bolivia.

Los regímenes gubernamentales bolivianos, desde los Olañeta y Velasco hasta los García Linera y Morales, ejercen el poder utilizando los diferentes prototipos y sistemas dictatoriales, que son impuestos mediante tiranías autoritarias e imprescriptibles, y para incrementar el mal de Estado y el oprobio al pueblo, los tiranos, dictadores o tiranillos, siempre son apoyados y defendidos, dinero de por medio, por militares y policías, y por sindicalistas, políticos, oportunistas, etc., unos reprimiendo criminalmente al pueblo; los otros haciéndoles creer que se está defendiendo al mejor gobierno de toda la historia de Bolivia.

Los Velasco, los Melgarejo, los Arce, los Urriolagoitia, los Paz (Estensoro y Zamora), los Banzer, los Sánchez de Lozada, los Evo Morales, invocando ante el pueblo la defensa de Bolivia, recurriendo constante e hipócritamente al nombre de la patria, mintiendo y engañando al pueblo con interminables y persistentes discursos cargados de un falso patriotismo, lo único que hacen es alienar al pueblo, para así defender sus intereses personales, sectoriales y de grupos (o para ocultar sus delitos): por otro lado a fin de controlar a la sociedad civil en general, y en particular neutralizar a los contestatarios (grupos o personas), casi siempre ejercen políticas gubernamentales fascistas y totalitarias, imponiendo estrictas represiones físicas, políticas, psicológicas y judiciales, para *salvar a la patria que está en peligro*.

15.4. Siglo XXI, ¿Bolivia necesita una revolución?

¿Qué es y qué significa **revolución**? Una revolución es un **cambio general** ejecutado por la fuerza y, a menudo, con violencia respecto a un orden social o político, y que lo realiza un segmento considerable de la población de un Estado. La revolución, por lo general, es la solución política **más extrema** que puede adoptar un grupo de disensión, y tiene lugar cuando **fallan** los intentos legales y más moderados de lograr la reforma requerida, o cuando se aboga directamente por la modificación radical y traumática de la situación existente.

Toda revolución, por lo general, **refleja** un clima popular de **descontento**; además **manifiesta** una planificada reacción de **rechazo**; sin embargo, cuando la revolución es el resultado de una necesidad de realizar grandes y profundos cambios, basa su triunfo en el **entendimiento** y la **unión** de todos los actores que desean implicarse en el **éxito revolucionario** a favor de su patria y de sus ciudadanos.

Las sociedades modernas han recurrido al sistema revolucionario para luchar **contra** gobiernos represivos y excluyentes (sean gobiernos dictatoriales o democráticos, o democracias totalitarias), **contra** las condiciones económicas restrictivas o estancadas, **contra** las rígidas divisiones de clases y de razas, y **contra** el debilitamiento del Estado y de la misma Nación.

Las revoluciones suelen reflejar un clima popular de descontento, ya se produzcan de forma espontánea (lo que suele ser raro) o tras una cuidadosa y, a veces, prolongada planificación. Ciertas revoluciones, no han hecho otra cosa que **sustituir** con frecuencia **un mal por otro**, o se han afirmado reprimiendo duramente al pueblo. En ocasiones, excesos de esta naturaleza, desencadenaron el triunfo de **contrarrevoluciones**, estimuladas por los enemigos del cambio político y/o social.

Para llevar a la práctica una revolución se necesita mentalidad y conducta revolucionarias, la historia de las grandes naciones y la de los grandes hombres, nos demuestra que sin ideología, sin patriotismo y sin verdaderos líderes revolucionarios, es imposible conducir a los gobernados (obreros, campesinos, intelectuales, etc.), hacia la victoria final revolucionaria.

Respecto a la pregunta, si en Bolivia hubo revoluciones que hayan respetado los conceptos netamente revolucionarios, podemos afirmar **categóricamente que no**; y si alguien insistiera en que sí, podríamos evitar una discusión histórico-académica, respondiendo que las *revoluciones* en Bolivia no fueron tales. Por ejemplo la revolución del "52", por falta de consistencia ideológica y porque sus autores (autoridades políticas y gubernamentales), aparte de carecer (o ignorar la existencia) de principios ideológicos, por causas absolutamente económicas, se desvían del camino revolucionario; la del actual gobierno (enero 2018) pasa exactamente lo mismo con el actual *proceso de cambio* del gobierno del Estado Plurinacional (enero 2006 a enero 2018). Tales procesos, por falta de consistencia en su ideología, por falta de honestidad política y por falta de rigor revolucionario en su ejecución, pierden su identidad y características revolucionarias.

Recordemos que una revolución no es lo mismo que un golpe de Estado, que supone la toma repentina del poder estatal por parte de una pequeña facción de oligarcas, militares, políticos, o de la combinación de los unos con los otros. Revolución, tampoco es el cambio o la imposición de algunas leyes demagógicas o estrictamente coyunturales. Por ejemplo en la *Revolución del 52*, sólo hubo reformas parciales y fueron medidas sugestivas y elocuentemente seductoras, incluso demagógicas, pero no revolucionarias en el amplio sentido ideológico-práctico de lo que es una revolución. Tampoco hacer entrega de bonos asistencialistas podría considerarse una revolución, menos el hecho de alienar al pueblo con propaganda y publicidad mediática que hable de cambios y con discursos reiterativos y demagógicos (*proceso de cambio* del MAS) podría ser un indicativo de cambios revolucionarios.

Evidentemente nuestra historia registra una gran revolución: la de la independencia del Alto Perú (hoy Bolivia), pero la misma fue incompleta y quedó inconclusa.

Recordemos que el término *revolución* se aplica de forma general a toda transformación histórica **radical, completa e importante**. Y en Bolivia, desde hace 189 años **no hemos tenido transformaciones históricas radicales, completas e importantes**; porque si las hubiéramos tenido, Bolivia, mínimamente, sería una potencia económica, y los bolivianos estaríamos orgullosos de nuestra patria y, por extensión meritoria, de nuestros revolucionarios, quienes aparte de ser nuestros héroes, hubieran podido ser el gran y perpetuo referente de dignidad y orgullo para todas las generaciones.

Cuando el pueblo sigue igual: pobre, ignorante, dominado y sometido por una clase gobernante que no se interesa, ni se preocupa de la patria, ni por todos sus habitantes; cuando la patria está peor y más debilitada que nunca (no hay respeto internacional para los bolivianos, tenemos un Estado frágil; los precios de los alimentos están por las nubes, la salud pública es cara, la educación es mala, etc.); cuando la clase gobernante sigue gobernando dentro el mismo esquema de control social, de opresión y dominio de las clases (aunque sean otras las clases beneficiadas temporalmente); cuando ascienden otros grupos al poder, maltratando a los gobernados que son de las *otras* clases; cuando hay oportunismo estatal para que surjan nuevos ricos, nuevos jerarcas autoritarios, abusivos y dictatoriales, para que surjan nuevas castas y nuevos clanes económicos, sencillamente, aquellas ecuaciones que son la constante cotidiana de Bolivia y de los bolivianos, nos demuestran de que en Bolivia no hubo, ni hay revoluciones.

Los intentos revolucionarios, como los estallidos espontáneos que podrían haberse convertido en revoluciones, por lo general, ha sido fruto de la rebelión circunstancial, instintiva e impulsiva del pueblo conformado por los más necesitados, olvidados y pobres y, excepcionalmente, por muy pocos, ¡poquísimos! idealistas, patriotas y políticos éticos, quienes a lo largo de la historia política y gubernamental de Bolivia, han sido los únicos que han iniciado revueltas sociales, más que por ideología, en el caso de los primeros, **por hambre, rechazo, frustración, descontento y rabia** contra el sistema político dominante, y en el caso de los segundos, por ideología, con el inútil sacrificio de la vida y libertad de miles de bolivianos.

A pesar de aquellas inmolaciones y abnegaciones, debido a que la clase política dominante, en virtud de la conducta de quienes ejercían el gobierno, no se llegó a consumar una revolución que hubiera realmente sacudido los enormes estratos y cúmulos de escoria y basura política que los gobernantes y políticos, lo mismo que la clase dominante (banqueros, empresarios, etc.) que, por un lado acumularon al interior del Estado, y por el otro, echaron sobre todo el espacio mental de la sociedad boliviana, especialmente de aquellos que han desarrollado muy poco sus conocimientos político-gubernamentales.

Los resultados de aquellos comportamientos, hundieron al pueblo de Bolivia en una casi perpetua inercia, abismándolo en el letargo y las oscuridades de un permanente atraso, donde todo lo malo, le parece absolutamente normal, donde los delitos gubernamentales, cree que son parte de la tradición gubernamental (al respecto dicen: *todos los gobiernos siempre han robado*), donde el uso y abuso de los bienes y servicios del Estado por parte de las autoridades estatales, lo toma como cosa de todos los días y de todos quienes llegan al poder: (al respecto como loros repiten: *los políticos de ayer, como los de hoy, son igualitos.*)

Según intelectuales, ideólogos y analistas de alto nivel profesional, y de una intachable ética individual y colectiva, han coincidido al indicar que la modernización de la conducta social, política y gubernamental de gobernantes y gobernados, tiene que basarse en patrones que partan de lo que es la realidad social, política y gubernamental de un país, tomando en cuenta el comportamiento real de autoridades y pueblo en general. Al respecto, en Bolivia, se habla de revolución (*proceso de cambio*), sin embargo dicho proceso, conforme a los esquemas de la modernidad y de lo que Bolivia y los bolivianos realmente necesitamos, se ha convertido en un tiempo de involución (allá donde no hemos retrocedido, simplemente nos hemos estancado⁾. A lo cual podríamos agregar un sinnúmero de componentes de estancamiento psico-social que afectan a los valores intrínsecos del ser humano: total ausencia de humanismo, honor, solidaridad, etc.

Bolivia no puede ni debe mostrarse indiferente a los cambios que se dan en el ámbito internacional, especialmente en países donde el desarrollo humano, social, político y económico están en permanente ascenso, lo cual no significa que permanezca adherida a los cambios externos, si antes no planifica, desarrolla e implementa cambios radicales en lo interno.

Los gobernantes, políticos, ideólogos e intelectuales de la Bolivia actual (), deberían estar compelidos a insistir en la aplicación de una política de Estado (implementación de una verdadera revolución) que nos conduzca a la grandeza de Bolivia en lo educativo, social, económico, político, gubernamental, científico, etc., de tal manera que construyamos una patria que nos lleve a todos, absolutamente a todos los bolivianos, hacia los caminos de una profunda transformación para que realmente, en cada uno de los hogares bolivianos, podamos orgullosamente decir: *ahora sí que vivimos bien*. Para iniciar este proceso necesitamos una transformación que cambie aquello que debe cambiar; en otras palabras, necesitamos iniciar la revolución del comportamiento en todos los niveles y estratos gubernamentales, políticos y sociales.

¿Cómo tendría que implementarse y ejecutarse la Revolución del pensamiento? Tomemos el paradigma de la **Revolución Gloriosa,** de la cual nos interesa el **pacifismo de la rebelión** (para evitar el derramamiento de sangre), y así terminar con el absolutismo de las clases dominantes que se encuentran al interior de cada gobierno (quienes están incrustados en el aparato estatal desde la fundación de la república hasta nuestros días y que se han apoderado del aparato estatal y de **las riquezas de Bolivia que, constitucional y legalmente, son de propiedad inalienable e imprescriptible de absolutamente todos los bolivianos.**

De la **Revolución Francesa** se debe recuperar el ejemplo de dejar a un lado los tiempos de oscuridad en los que están hundidas nuestras naciones (desde los originarios quechuas, aimaras, etc. hasta los mestizos y otros), ya que en Bolivia existe una parálisis de desarrollo de los gobernados; por otro lado, existe un cotidiano estancamiento cultural de la sociedad y, para disimular nuestra ignorancia científica, tecnológica y cultural, los gobernantes de vez en cuando nos dan baños de la gloria de la antigüedad de nuestras culturas, y del modernismo fragmentado y desintegrador: televisión, celulares, computación e Internet. Gobernantes y gobernados debemos emerger hacia la luz de la razón, la ciencia, la tecnología, reales y no discursivas; por otro lado, cada uno y todos los bolivianos debemos vivir con los privilegios y beneficios que, en la actualidad sólo beneficia y privilegia a los grupos que se han apoderado de Bolivia y a unos cuantos sectores sociales, dejando en el abandono al resto de la población.

Es hora de que los gobernados luchemos, más que en la teoría y el discurso, en la práctica contra la represión diaria de parte del gobierno especialmente en el campo mental, contra la incapacidad y el abuso de la clase corrupta y corruptible de los gobiernos de turno; contra el excesivo uso de privilegios, contra el empobrecimiento diario de los necesitados; contra el mantenimiento de la ignorancia, del conformismo y de la resignación de los gobernados; en otras palabras, gobernados y gobernantes, debemos convertir en una práctica diaria los derechos que nos dan la *Libertad, Igualdad* y *Fraternidad*.

Las primeras revoluciones emancipadoras de nuestro continente sean el origen de la inspiración y el coraje de reacción de gobernantes y gobernados para imponer su decisión y apasionamiento ideológico y así **completar nuestra independencia que hasta ahora, aún es incompleta e inconclusa**

Lograr que la luz de la libertad (aquella por la cual lucharon y murieron nuestros protomártires de la independencia) se extienda por todo el universo ideológico y patriótico de todo el territorio de nuestras naciones, cuyos principios habrán de mejorar las versiones de todas las revoluciones que hemos visto hasta aquí, y de esta manera todos, especialmente los gobernantes construyan la verdadera y gran patria que merecemos tener cada uno de los latinoamericanos.

Así como sucedió durante y después de la **Revolución Mexicana**, gobernantes y gobernados debemos luchar para desterrar la *extranjerización* de nuestros países; debemos luchar para imponer una verdadera reforma que incluya: **suelo**, *tierra, tecnología, mercados, caminos, pero sobre todo: ¡libertad!*

Así como la **Revolución Rusa** termina con la dinastía de zares imperialistas, del mismo modo debemos luchar para que se termine con la dinastía de los políticos y de las clases dominantes que se han apoderado del gobierno para terminar con la **incompetencia** y la **ineficiencia** de la dinastía gobernante; por el otro lado, la misión y visión debe hermanarnos a todos los habitantes y estantes de las diversas nacionalidades que habitamos en este lado del mundo para que, unidos, iniciemos la guerra contra aquellos que no sólo le han quitado al pueblo las riquezas de su país, sino lo principal: sus libertades.

De la misma manera como la **Revolución cubana** provocó el mayor proceso revolucionario que se dio en todo el continente latinoamericano, gobernantes y gobernados, debemos originar el mayor movimiento revolucionario que jamás se haya dado en la historia de Bolivia. Y que sea una revolución que en lugar de dividir nos una, en lugar de crear odios y rencores, genere amistad, consiguiendo la unidad de Bolivia y de todos los bolivianos.

Por supuesto que de la **Revolución Cultural Proletaria**, debemos extraer el ejemplo de la perseverancia y del patriotismo; y al igual que los combatientes de Mao, gobernantes y gobernados, debemos realizar la Gran Marcha de los Revolucionarios del Comportamiento hasta llegar al final de nuestra misión. No importa que tengamos que marchar 10, 20 o más años, lo importante es empezar y luego completar la Independencia de Bolivia y de los bolivianos, para tener la Gran Patria Boliviana que merecemos dadas nuestras riquezas, el espíritu trabajador y la inteligencia de los bolivianos.

Todos los bolivianos, especialmente gobernantes, deben iniciar el **ciclo de los patriotas** para construir y hacer una realidad permanente la Gran Patria Boliviana, de esta manera se eliminará para siempre **el ciclo de la clase política y gobernante** redundante y parasitaria que, desde 1825 a , se ha incrustado reiteradamente en el seno del poder gubernamental.

Con la Revolución del Comportamiento volveremos al tiempo del **prestigio**, del **don** y de la **dignidad de nuestros ancestros**. El tiempo ha llegado, pero ya no para protestar con discursos, con críticas y ataques políticos y/o personales; el tiempo ha llegado ya no para distribuir y publicar trípticos, volantes, afiches, pancartas con leyendas ocasionales, más de las veces simplemente electoralistas. El tiempo ha llegado para que todos los bolivianos, gobernantes y gobernados, tomemos una dosis de la realidad boliviana y otra dosis de patriotismo revolucionario y empecemos a pensar y a actuar con el dinamismo, la energía y el patriotismo que se necesita para construir **no la mejor patria del mundo, pero sí, la mejor patria de toda nuestra historia**, con una variable: **una Patria para <u>absolutamente</u> todos los bolivianos**. Es tiempo de luchar para que en Bolivia se imponga el **prestigio**, el **don** y la **dignidad**.

El nuevo gobernante tiene que ser y/o estar rodeado de cazadores de tendencias sociales, políticas y económicas modernas y revolucionarias, y no ser o estar rodeado por adulones, oportunistas y/o corruptos que se filtran, infiltran y meten al interior de cada gobierno (sea éste de izquierda, centro o derecha). El nuevo gobernante tiene que captar todas las informaciones, no sólo sobre principios o ideologías importantes, sino sobre cambios de dirección en un Estado, especialmente de los Estados desarrollados, de las naciones con exitosas influencias ideológicas; de países con un alto y constante desarrollo educativo, cultural, tecnológico y científico.

15.5. La pacífica pero efectiva Revolución del Comportamiento

Con la implementación de ña Revolución del Comportamiento, la vida de todos los bolivianos cambiará, ya que los nuevos gobernantes **convertirán** a Bolivia, de país **frustrado** y **atrasado,** en un país **próspero, poderoso,** con un pueblo **feliz.** Para lo cual, <u>sabiendo que la independencia de Bolivia ha quedado inconclusa e incompleta</u>, todo gobernante, debe obligarse a luchar para:

↑ **Liberar** a Bolivia de las viejas prácticas políticas y gubernamentales aún vigentes (aplicación de la revolución cultural, política y gubernamental).

↑ **Destruir** el tradicional comportamiento de los partidos políticos y de la clase gobernante que, una vez encumbrados en el poder, en lugar de trabajar por Bolivia, trabajan por y para satisfacer sus intereses. Conducta política y gubernamental que se ha reiterado desde la fundación de Bolivia hasta el actual Estado Plurinacional.

↑ **Romper** la enorme y pesada cadena formada por los eslabones de la corrupción, del abuso de poder, del exceso de privilegios y de otros males gubernamentales y políticos que padece Bolivia.

↑ **Abolir** la dictadura democrática que la clase gubernamental, sea oligárquica, sea populista, sea de izquierda o de derecha, ha impuesto para inmunizar sus delitos mediante el control de todos los poderes estatales, especialmente del Órgano Judicial.

↑ **Imponer** normas de conducta estatal para detener y desterrar la mediocridad, ineficiencia e incapacidad de las autoridades, funcionarios y servidores públicos.

Realizado el intercambio de ideas respecto al contenido de la ideología de la Revolución del Comportamiento, expertos políticos, sociales y gubernamentales, llegaron a coincidir que, en muchos lugares del mundo subdesarrollado, para producir cambios políticos, se recurrió a la vía *violenta*: donde se sacrificó a decenas de miles de personas, a fin de liquidar viejas prácticas políticas y gubernamentales. En Bolivia, dada la mentalidad y la conducta de gobernantes y gobernados, para erradicar definitivamente los viejos, pero vigentes vicios y defectos gubernamentales (especialmente de los políticos en función de gobierno) y del pueblo en su cotidiano accionar de gobernados, se debería aplicar la vía **pacífica**: imponiendo la **Revolución del Comportamiento** como política de Estado y como filosofía social, política y cultural de gobernantes y gobernados, para así liquidar costumbres y usos político-gubernamentales que desde la fundación de la República hasta el actual Estado Plurinacional, han sido estructuras inalienables y casi indestructibles, y que han hecho millonarios a unos cuantos, y han empobrecido a millones de bolivianos, provocando el permanente atraso y la diaria y constante frustración de los gobernados.

El 95% de los entrevistados, lo mismo que los que tuvieron acceso a la lectura de la Revolución del Comportamiento, eligieron la vía **pacífica**, para iniciar una verdadera revolución, para cambiar el comportamiento de los que se encuentran al interior del gobierno y de quienes son servidores públicos; pero agregando una variable: que los gobernantes de todos los niveles y categorías den el ejemplo, y no esperen que el cambio de conducta se dé en los gobernados, pues, cada vez que se promulgan leyes, la clase gobernante exige el cumplimiento de las mismas, pero los gobernantes casi nunca la cumplen.

Ya mencionamos que el Japón y Alemania después de haber sido derrotados en la II Guerra Mundial, renaciendo de sus propias cenizas se convirtieron en potencias económicas mundiales, y así llegaron a ocupar sitiales de privilegio en el contexto internacional; es decir, han sabido vencer sus problemas internos y han surgido para vivir dentro del pleno desarrollo que beneficia al Estado y a todos sus ciudadanos. Todo ese monumental e histórico ciclo de proceso de constante desarrollo que llevaron a cabo, se debe a un único hecho: la alta preparación, eficiente capacidad y ética política, pero sobremanera el correcto comportamiento de sus autoridades gubernamentales que pusieron en primer lugar a su patria.

Es tiempo de que la Bolivia actual emerja hacia el **prestigio**, hacia la **filosofía del éxito**, pero no en el discurso, no en el engaño, ni en la mentira gubernamental como se lo ha hecho hasta ahora, sino en el **prestigio real** y **tangible**, en la **recuperación** y consolidación del **orgullo** y la **autoridad** suprema e independiente de nuestra patria, y en el fortalecimiento de Bolivia, para así conseguir la unidad, el entendimiento el bienestar y la dignidad, absolutamente de todos los bolivianos; para ello, los gobernantes aparte de contar con la Revolución del Comportamiento, cuentan con:

↑   **Riqueza territorial**, Bolivia es uno de los pocos países en el mundo que no tiene problemas de espacio físico.

↑   **Riqueza natural**, nuestros suelos, aparte de ser los más variados y ricos, son los más generosos de todo el planeta.

↑   **Riqueza cultural**, somos uno de los pocos países de todo el mundo que aún practica y conserva íntegras muchas de sus costumbres, tradiciones, leyendas y mitología culturales.

↑   **Riqueza e inteligencia innata**, se ha comprobado que la habilidad, la aptitud y la capacidad de aprendizaje, como de iniciativas e invenciones de los bolivianos, no sólo nos permiten manejar y superar situaciones de cualquier índole, sino que deja emerger entendimientos de talento y de genialidad, por supuesto, ello ocurre cuando a los bolivianos se les brindan oportunidades y condiciones adecuadas.

Si a todo esto, la clase gobernante, le añade los agregados tecnológicos y todo el conjunto de conocimientos científicos, sociales, políticos y gubernamentales que se puedan adquirir con facilidad en este tercer milenio, podemos estar seguros de que Bolivia y los bolivianos habremos dado el primer gran paso para marchar hacia el grandioso futuro de Bolivia: iniciar la construcción **no de la mejor del patria del mundo, pero sí, la mejor de toda nuestra historia.**

EPÍLOGO
IMPLEMENTACIÓN UNA NUEVA CONDUCTA GUBERNAMEN-TAL

El primer paso gigantesco que deben dar nuestras futuras autoridades (electas y designadas), lo mismo que los empleados estatales, dese ser obligar a cambiar la conducta estatal para forjar y consolidar la Bolivia Amable y Moderna que todos juntos debemos construir.

Trabajar en instituciones públicas no debe significar nunca más trabajar para y por el partido en función de gobierno, sino debe ser trabajar en beneficio de todos los bolivianos (sin excepciones ni distinciones) y para engrandecer en todos los aspectos a nuestra Patria-Madre, nuestra gran Bolivia.

Las nuevas autoridades no deben detener sus esfuerzos hasta lograr que en todas las entidades públicas, la práctica diaria de la buena conducta estatal sea una costumbre y no una excepción.

Empleados y autoridades, deben adaptarse al nuevo comportamiento estatal, de tal manera que les sea fácil, natural y hasta agradable trabajar guiados por principios estatales de alto nivel ideológico y, a la vez, patriótico.

Nuestras autoridades (de todos los niveles jerárquicos) y los empleados de todas las entidades estatales, trabajarán y ejecutarán sus obligaciones dando lo mejor de sí mismos, es decir, trabajarán eficiente y eficazmente, ética y honestamente.

La Patria-Madre, la Bolivia Amable y Moderna que van a construir, sólo les exigirá que todos los bolivianos seamos hijos que se amen, respeten, protejan y se ayuden mutua y solidariamente; hijos que, alrededor de la Patria-Madre, construyan y consoliden la gran familia que tenemos que formar todos los bolivianos.

Sólo se requiere compromiso y enorme voluntad para que gobernantes y gobernados cambiemos la conducta de los malos gobernantes de ayer y de los gobernantes de hoy, por la conducta y excelencia de los gobernantes de mañana. Gobernantes que tendrán como pilar principal la revolución y práctica del nuevo comportamiento gubernamental.

Para dar el primer paso de la construcción de la **Bolivia Amable y Moderna** se tiene que recuperar a nuestra Patria-Madre, y desterrar para siempre a los políticos y gobernantes de ayer, en especial a los de hoy, ya que las generaciones del tercer milenio, necesitan crecer, vivir y desarrollarse en un país con gobernantes honestos, éticos, eficientes, sobretodo patriotas; pues no pueden (las nuevas generaciones) y no podemos (los de las generaciones del siglo pasado) seguir aceptando la existencia de políticos y gobernantes con vicios, taras y defectos que podrían provocar situaciones de riesgo extremo.

Ha llegado la hora de implementar la *Revolución del Comportamiento* para construir la nueva **Bolivia Amable y Moderna.**

FIN DEL TOMO 1

Índice de:

1. TOMO II

La Revolución del comportamiento

2. TOMO III

3. Anexos y Cuadros

  ANEXOS (por orden alfabético)

1 Agencia de Influencia Estratégica (la *Agencia*).

2 Análisis comparativo de la abrogada Ley 1005

3 Bolivia, una potencia el año 2050

4 Caso Gabriela Zapata

5 Caso Fondo Indígena

6 Caso QUIBORAX, el arte de robarle a Bolivia

7 Casos de violencia social y/o política

8 Cómo aplicar la Revolución del Comportamiento

9 Crecimiento sindical y político de Evo Morales

10 Debilidades del gobierno del MAS

11 El contrabando en Bolivia

12 El emperador y su imperio

13 El esplendor de la corrupción estatal

14 El fraude electoral "hecho" en Bolivia

15 El lado oscuro y sórdido del MAS

16 El peligroso círculo de la coca-cocaína

17 El Sistema Económico de Bolivia

18 El Sistema Estatal de Bolivia

19 El Sistema gubernamental de Bolivia

20 Erradicación de la corrupción estatal

21 Escenarios electorales

22 Estrategias para derrotar al MAS en las elecciones de octubre 2019

23 Evo Morales y su perversa megalomanía por el poder

24 Fuerzas Armadas

25 Génesis de la invasión anglo-chilena

26 Guardias Municipales y Guardias Privados

27 Ingresos y Egresos reales de un trabajador boliviano

28 La Agencia

29 La Libertad y el gobierno
30 La Canasta Familiar
31 La constante violación gubernamental a la CPE
32 La Educación Pública y Privada
33 La Justicia y el Ministerio Público en Bolivia
34 La nueva estrategia marítima
35 La Política y los Partidos Políticos
36 La Prensa y el Periodismo
37 La Salud Pública y Privada
38 La Seguridad Ciudadana
39 Las religiones en Bolivia
40 Las falencias y engaños de la Sentencia Constitucional 084/2017
41 Las máscaras ocultas de Evo Morales
42 Los gastos extras de Evo Morales
43 Los *pecados* políticos del MAS (el lado oscuro y sórdido del MAS).
44 Los procesos de Privatización, Capitalización y Nacionalización
45 Nacionalización del gas
46 Policía Boliviana
47 Políticas Estatales para 30 años
48 Presidentes de Bolivia
49 Proyecto Troyano
50 Resumen de la Revolución del Comportamiento
51 Resumen del libro "Proyecto Troyano" (Caso Hotel Las Américas)
52 Resumen del libro "La invasión anglo-chilena a Bolivia
53 Subvenciones sociales

CUADROS DE LA CONSTITUCIÓN POLÍTICA DEL ESTADO

54 Cuadro 1

Estructura y organización funcional del Estado (composición y representantes)

Órgano Legislativo

↑ Asamblea Legislativa Plurinacional

↑   Cámara de Senadores
↑   Cámara de Diputados

Distribución de diputados, uninominales, plurinominales y especiales (forma de elección, requisitos, composición, distribución, privilegios, principales funciones)

    55Cuadro 2

Órgano Ejecutivo

↑   Presidente
↑   Vicepresidente
     ◦ Ministros

    56Cuadro 3

Órgano Judicial y Tribunal Constitucional

↑   Tribunal Supremo de Justicia
↑   Jurisdicción Agroambiental
↑   Jurisdicción Indígena Originaria Campesina
↑   Consejo de la Magistratura
↑   Tribunal Constitucional Plurinacional

    57Cuadro 4

Órgano Electoral

↑   Tribunal Supremo Electoral
↑   Tribunales Electorales Departamentales

    58Cuadro 5

Estructura y organización territorial del Estado:

↑   Tipos de Autonomía en Bolivia:
     • Departamental
     • Autonomía Regional
     • Autonomía Municipal
     • Indígena Originaria Campesina
↑   Órganos Ejecutivos de los Gobiernos Autónomos
     • Gobernador
     • Alcalde
↑   Órgano Legislativo Departamental
     • Asambleístas (Consejeros)
↑   Órgano Legislativo Municipal
     • Concejales Municipales

    59Cuadro 6

Estructura y organización de las funciones de Control, Defensa de la Sociedad, y Defensa del Estado

↑ Contraloría General del Estado
↑ Defensoría del Pueblo
↑ Fiscal General del Estado
↑ Procuraduría General del Estado
↑ Servidores Públicos
  60 Cuadro 7
↑ Servidores Públicos
  61 Cuadro 8
↑ Procedimiento Legislativo
↑ Iniciativa legislativa
↑ Organización Económica del Estado
↑ Política Fiscal, Monetaria y Financiera
↑ Revocatoria de Mandato (Referendo)
↑ Participación y Control Social
↑ Competencias Constitucionales
  • Privativas (Gobierno central)
  • Exclusivas (Gobierno central, departamental, regional municipal y originario campesino)
  • Concurrentes (Gobierno central y a los gobiernos autónomos)
  • Compartidas (Gobiernos departamentales y municipales),

  62 Diferencias entre la Constitución Política del Estado, las leyes, los códigos, los reglamentos y los decretos (presidenciales y ministeriales)

  63 Cómo elaborar un ante proyecto de Ley y otros documentos legales.

---

[1] Tal el caso de las autoridades gubernamentales de los países escandinavos, cuyos habitantes, de acuerdo a encuestas de empresas muy serias, son los más felices del mundo.

[2] *En enero de 2017 el Comandante del Ejército (General Kaliman), en la entrega de un centro deportivo para los de la Novena División, cuando hizo uso de la palabra, dirigiéndose a Evo Morales (Presidente de Bolivia), textualmente le dijo: "Juntos somos invencibles" Se refería a las bases de los cocaleros (unos cien mil) y*

Jaime Mendoza Buitrago

a las armas del Ejército.

[3] Represión violenta y a discreción de los represores con gases y bastonazos, con gases y patadas, con gases y balines, con gases y perros, y cuando falla todo esto, la represión se vuelve criminal: asesinatos en masa, y también asesinatos selectivos.

[4] Autor de *"Latin America a Guide to the Historical Literature"* (*Guía sobre la Literatura Histórica de América Latina*).

[5] Para la elaboración de la "**RdP**" se ha tomado en cuenta parámetros tales como la mentalidad, idiosincrasia, identidad y comportamiento cotidianos de **gobernantes** y **gobernados**, y lo más selecto de las ciencias y técnicas políticas, revisando, minuciosa e históricamente la conducta gubernamental y política de nuestros gobernantes, y la de los líderes políticos, intelectuales y de otros personajes influyentes.

[6] Bolivia es conocida en gran parte del mundo, no por sus bondades económicas, sino porque se ha convertido en un paraíso para el lavado de dinero de narcotraficantes, como de políticos corruptos extranjeros. Bolivia es conocida a nivel internacional, no porque cuente con un líder mundial, sino porque al actual presidente es conocido por los millonarios gastos de los dineros del pueblo en gustos personales propios de los dictadores megalómanos (Idi Amín fue conocido mundialmente, pero no por ser un líder mundial sino por su megalomanía y por pisotear las leyes y asesinar a su pueblo). En otras palabras, el presidente Morales ha perdido su momento histórico ya que en lugar de ser un gobernante con bondades y virtudes acompañadas de ética y humanismo, ha optado por el camino del cubano-estalinismo. (Vea el Anexo: *Los pecados políticos del MAS (el lado oscuro y sórdido del MAS).*

[7] Vea en el Anexo: *La constante violación gubernamental a la CPE.*

[8] Vea en el Anexo: *Ingresos y Egresos reales de un trabajador boliviano.*

[9] Cuando los del magisterio salen en marchas o hacen huelgas reclamando por un mejor salario, el Gobierno los reprime física y laboralmente, procediendo a gasificarlos y apalearlos, luego recurre a los abusivos descuentos de salarios por haber "abandonado" su fuente de trabajo

[10] Respecto a los salarios de los médicos cubanos, es conocido por el mundo político medianamente informado que el gobierno de Cuba cobra directamente al gobierno (donde trabajan estos profesionales, tal el caso de Venezuela, Nicaragua y Bolivia) y les paga a sus médicos, un salario mínimo, de esta manera la cúpula dictatorial de Cuba se adueña del dinero de los médicos cubanos.

[11] Vea el subtítulo: "Casos de violencia social y/o política"

[12] Esa es una de las grandes razones económicas por la que las transnacionales siguen operando en Bolivia, ya que son socias del MAS.

[13] El gobierno de Evo Morales que tanto critica al capitalismo y al imperia-

lismo sigue utilizando los servicios y capitales del Banco Mundial, del Fondo Monetario Internacional, de la Bolsa de Valores de los EE.UU., etc.

[14] Hasta la fecha el Instituto Nacional de Estadísticas, a pesar de haberse realizado el censo hace muchos años atrás, no ha oficializado el total de la población boliviana. La razón sería para encubrir el fraude electoral, para presentar datos adulterados sobre el crecimiento económico de Bolivia, etc.

[15] El gobierno del MAS que tanto ha criticado las condiciones de préstamos de los anteriores gobiernos, hoy en día acepta préstamos de China (los nuevos imperialistas que han penetrado económicamente a Bolivia), aceptando tales condiciones que los chinos gozan de inmunidad e impunidad respecto a la explotación y abuso de los trabajadores bolivianos, respecto a la caza de animales en peligro de extinción en las selvas bolivianazas, etc.

[16] Circulan tres versiones: 1) Existiría un pacto político para que el MAS se abstenga (o dilate hasta donde pueda) la extradición de Sánchez de Lozada (no olvidemos que al interior del gobierno existen muchos que han estado codo a codo con Goni, el mejor ejemplo es el ministro de Economía Luis Arce Catacora; 2) el poder político de Sánchez de Lozada, en el ámbito judicial, seguiría vigente, por ello la extradición estaría llena de errores procesales; y 3) la combinación de ambas versiones.

[17] Las remesas de bolivianos del exterior el año 2016 han superado los mil millones de dólares.

[18] Habría que considerar un par de excepciones: los trabajadores estatales que se dedican a la explotación de los hidrocarburos, donde los salarios son exageradamente superiores en relación a la de los otros sectores.

[19] Entre la enorme cantidad de casos de corrupción, sólo señalemos unos cuantos: la compra del avión presidencial; contrabando de los 33 camiones que implica al ministro de la Presidencia; la construcción del teleférico El Alto-La Paz; negociaciones con las multinacionales energéticas, supuestamente nacionalizadas; el satélite Tupac Katari; construcción de la planta de producción de urea y amoniaco; contrabando de diésel, azúcar estatal; autoridades (gubernamentales, policiales, militares, etc.) corruptas que venden protección al narcotráfico, a los presos que tienen poder al interior de las cárceles, etc.

[20] Se reconoce la existencia de jueces probos.

[21] Antes eran elegidos directamente por contubernios políticos. En las elecciones de Magistrados del Tribunal Supremo de Justicia (octubre del 2011), se inventa la figura constitucional de *selección* (los *selecciona* el oficialismo), una vez seleccionados participan en las elecciones universales, pero tal es el rechazo de la población que gana el voto nulo y blanco, y la mayoría de magistrados son elegidos con votaciones muy pobres, llegando al extremo de haber sido elegido con apenas el 3%.

[22] Este mandato constitucional, ex profeso, lo olvidaron tanto los oficialistas de la Asamblea Legislativa Plurinacional, como los magistrados del Tribunal

Supremo de Justicia.

[23] En 1825 Bolívar ordena que las antiguas audiencias coloniales se conviertan en Juzgados Republicanos. Los auditores españoles lo que hicieron fue cambiar el letrero de la puerta de *Audiencia* por **Juzgado**, y de *Auditor* a **Juez**.

[24] Santa Cruz, Beni y Pando.

[25] Sólo hay presencia policial cuando se agenda eventos oficiales: llegada del presidente, de autoridades extranjeras, de ministros

[26] Artículo 15.- (...) No existe la pena de muerte.

[27] Deriva del nombre de Lynch (Charles) un juez de EE.UU. que durante la guerra de la Independencia estadounidense ordena ejecuciones sin previo juicio

[28] Artículos 190 al 192.

[29] Ciertos grupos comunitarios se llaman *hermanos* aunque no tengan ningún parentesco familiar.

[30] Evidentemente se debe diferenciar la *justicia comunitaria* (la que se aplica correctamente) de los linchamientos que son violentos actos de asesinato.

[31] La estructura gubernamental, a nivel ministerial, cuenta con un viceministerio.

[32] Mucha gente, a fin de ganar unos pesos, acepta formar parte de los grupos de choque, ya que cada uno recibiría desde 50 hasta 200 bolivianos.

[33] En premio a esta actitud criminal, Eugenio Rojas obtuvo una plaza como Senador por el MAS para el periodo 2010-2014; a la fecha (diciembre 2014) funge como presidente del Senado.

[34] Se refiere a recuperar la sede de gobierno que se encuentra en La Paz. Vea en el Tomo 2, la presidencia de Severo Alonso.

[35] Vea los Anexos: *"Caso Gabriela Zapata"*, *"Caso Fondo Indígena"* y *"Los peligrosos círculos de la coca-cocaína"*.

www.ingramcontent.com/pod-product-compliance
Lightning Source LLC
Chambersburg PA
CBHW051344280526
45784CB00007B/2809